故事力
STORYTELLING

黄仁杰 冯磊 刘双双 编著

THINKING
思维

中国纺织出版社有限公司

内 容 提 要

故事的吸引力我们在还是小孩子的时候就知道，我们成长过程中懂得的很多常识和道理也都是从故事中得来的。我们爱听故事，因为我们能够从故事中汲取智慧和能量，那反过来，是不是也可以用故事输出我们的想法，让别人爱听我们讲故事，接受我们的想法，去创造独属于我们的竞争力呢？

本书运用大量实例阐述拥有故事力思维的重要性，全书语言通顺、简练，一步步引导读者将说故事的能力运用于工作和人际交往中，让抽象的逻辑思维和生硬的数据变得生动形象，易于接受。

图书在版编目（CIP）数据

故事力思维／黄仁杰，冯磊，刘双双编著.--北京：中国纺织出版社有限公司，2023.9
ISBN 978-7-5229-0825-0

Ⅰ.①故… Ⅱ.①黄… ②冯… ③刘… Ⅲ.①销售—语言艺术—通俗读物 Ⅳ.①F713.3-49

中国国家版本馆CIP数据核字（2023）第145962号

责任编辑：柳华君　　责任校对：高　涵　　责任印制：储志伟

中国纺织出版社有限公司出版发行
地址：北京市朝阳区百子湾东里A407号楼　邮政编码：100124
销售电话：010—67004422　传真：010—87155801
http://www.c-textilep.com
中国纺织出版社天猫旗舰店
官方微博 http://weibo.com/2119887771
天津千鹤文化传播有限公司印刷　各地新华书店经销
2023年9月第1版第1次印刷
开本：880×1230　1/32　印张：7
字数：118千字　定价：49.80元

凡购本书，如有缺页、倒页、脱页，由本社图书营销中心调换

前言
PREFACE

故事，是我们的生活中不可缺少的知识元素。小时候，我们从故事中学习道理，了解世界；长大后，我们从故事中懂得人情，知晓百态。故事，充斥着我们的生活：书中的故事吸引我们阅读，电影中的故事吸引我们观看，歌曲中的故事吸引我们聆听，新闻中的故事吸引我们关注……

好的故事能够触动人心，激励人们上进，其宣传、教育的效果比长篇大论的说教强太多，因此，善用故事力思维讲出人们爱听的故事，也成为一种厉害的社交能力，尤其是对于身居领导位置的人，这种能力更为重要。

对于领导者来说，不管是公共场合讲话，还是私下与下属交谈，都需要明确地传递出自己的观点，如果纯粹用理论和陈述句堆砌，不仅让听者感到枯燥乏味，也会产生理解困难的问题。而如果能够利用故事举出吸引人的例子，就能引导听者全神贯注地听你讲话，并且能使你的讲话内容丰富充实，道理生动而易于理解。

每一位领导者都希望自己具有故事力思维，但并不是每一位领导者都善于讲故事。在适当的时间要讲适当的故事，在不同的人面前要讲不同的故事，讲故事并不难，然而把故事讲好却并不容易。这首先要求我们懂得用故事思维去看待世界，发展自己用故事与世界沟通的能力，这是一种智慧、情商、沟通力、领导力、变通能力等糅合在一起的综合能力，这种能力在如今的职场和生活中已经越来越被人们高度重视和认可。因而如果我们善用故事，用故事力思维去看待世事，我们的工作和生活都会有全新的改变和提升。

本书就是从实用性的角度出发，指出领导者提升故事力思维的重要性，以及会说故事对自我表达和团队建设的重要性，介绍了说故事的技巧和方式。同时，通过对生活中具体事件的描写告诉读者如何培养说出好故事的思维灵感，引导读者将故事力思维运用于工作和人际交往中。希望本书能够塑造和培养你的故事力思维，进而帮助你提升核心竞争力，在未来的生活中发出独属于你的光和热。

目录 CONTENTS

001 PART 1　第一部分　认知故事力思维：从故事出发

002　第1章　故事是企业文化的新载体

每位领导都应该拥有讲好故事的能力　/　002
领导会遇到的需要讲故事的几种情况　/　006
为什么企业需要讲自己的故事　/　009
六种领导要会的故事类型　/　013
领导讲好故事的必备要素　/　018

023　第2章　故事可以增强团队凝聚力

讲付出的故事，引导员工主动为团队奉献　/　023
讲感恩的故事，引导员工保持阳光的态度　/　027
讲合作的故事，引导下属重视协同合作的作用　/　031
讲奋斗的故事，引导下属为共同的愿景而努力　/　035

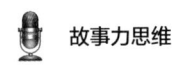

039

第3章　讲故事比讲道理更有用

你无法说服下属的原因 / 039
好品牌的打造需要一个好故事 / 043
被誉为故事大王的斯蒂芬·丹宁 / 048
乔布斯在斯坦福大学的一场演讲 / 052

061 PART 2

第二部分
提升故事力思维：把故事讲好

062

第4章　故事表达简洁、不烦琐

适当的主观让故事有可听性 / 062
讲故事要言简意赅 / 067
给听众制造几个疑问或请求 / 071
紧紧围绕主题来讲故事 / 075
适当留白，更有想象性 / 078

083

第5章　故事要讲得立体生动

勤练习，让口齿清晰伶俐 / 083
不同声音给听者不同的感受 / 085

故事语言精练，有细节有重点 / 089
调控音调，让故事更有感染力 / 093

097

第6章 依托事实的故事更有说服力

怎样选好故事的材料 / 097
让你的故事有画面感 / 101
基于事实的故事更有说服力 / 103
故事中穿插自己的亲身经历 / 106
视觉辅助工具可以让你的故事讲得更好 / 109

112

第7章 讲出好故事的方法

用故事开场，带动听者兴趣 / 112
重视细节，制造悬念 / 114
用实例开头，吸引听者 / 117
一个好故事，形式和内容都很重要 / 120
以提问结尾，引导听者思考 / 125

131 PART 3 第三部分 巧用故事力思维：用故事管理

132
第8章 认真倾听，倾听是为了讲出更好的故事

好的沟通从倾听开始 / 132
有价值的信息都是从倾听中获取的 / 135
会倾听才能讲出别人爱听的好故事 / 138
倾听中的反馈也很重要 / 142
倾听有道才能言之有物 / 146

151
第9章 用思维的故事，强化员工意识

讲一个故事为企业"瘦身"铺路 / 151
用思维的故事，强化员工的思考意识 / 156
以故事为引，激励下属高效工作 / 161
用故事的感召力，赢得下属尊重 / 165
创新故事引导下属的创新精神 / 169

174
第10章 用故事赋能，激励下属努力向上

事实与故事相结合激励下属 / 174
说出自己的故事激励下属 / 178

用故事肯定下属，表扬业绩鼓舞士气 / 182
用正能量的故事激励下属努力向上 / 186
用其他员工的故事激发竞争性 / 191

195

第11章 用故事力思维说服他人，让对方心悦诚服

用故事引出道理，容易让人接受 / 195
摆事实、讲故事更易说服他人 / 200
用感性的故事打造感人的氛围 / 204
利用权威者的故事，为自己的话增添分量 / 206
用故事表达想法，对方更容易明白你的用意 / 209

参考文献 / 213

PART 1

第一部分

认知故事力思维：从故事出发

第1章　故事是企业文化的新载体

> 我们都知道，任何一家想实现永续经营的企业，都十分注重企业文化的建设，因为有文化的企业，才是有底蕴的企业，也更有发展力。而领导者在企业文化建设中发挥着无可代替的作用，美国著名的管理大师迈克尔·波特曾说："一个管理者的能力表现并不在于指挥别人，而在于指挥自己跳出最美的舞蹈。"而善于管理企业的领导者通常都会借用一大利器——故事，现代社会，会讲故事已经成为一项关键的领导技能，所以，我们可以说，企业需要故事，讲故事也成为企业文化的新载体。

每位领导都应该拥有讲好故事的能力

讲故事的能力对领导来说很重要，是一项关键的领导技能，因为它快速、有力、自由、自然，让人耳目一新、心情振奋，它具有协作性、说服力和全面性，给人愉悦、感动、难忘而且真实的感觉。

讲故事的能力对于领导们来说不仅仅是用于完成任务的一套基本工具：它是领导们——不管他们身居何职——与员工互

动、引起员工共鸣、激发创造力、推动企业变革的一种有效方式。领导的工作不仅仅是对各种提议表示支持或者反对，只表达态度只能引起更多的争论，而通过讲述亲历的故事，则能够帮助领导建立信任，增加自身的可靠性。

讲故事通常是领导层和大家沟通的最佳方式。为什么呢？因为领导者可以运用故事来处理当今企业或组织中的一些难题——激发改变，传达自我价值，强化品牌影响力，传递价值观，打造表现突出的团队，分享知识，控制负面舆论，为员工或下属指出更明确的行为方向。

领导者在讲故事的过程中，可以将那些抽象、乏味、枯燥的数字、理论转换成更易理解的图像、情节等，当然，我们并不否认一点，那些极为成功的商业案例都少不了数字的说服力，但这些数字一般都是在叙事的基础上得到认可的——也就是说，要将一连串数字以某种因果顺序串联起来表述。

讲故事对管理层和领导来说至关重要，因为要使员工接受变革通常别无他法。图表太难懂，套话太乏味，而单独谈话又太费时费力。因此，若要说服大公司里的一群经理和一线员工，让他们对一项重大变革热心起来，讲故事是最为奏效的方式。

讲故事可以激励人们采取不熟悉，通常也是不受欢迎的方式做事，这是堆砌大量让人头晕目眩的数据和幻灯片所无法做到的。就算是为了变革而搬出大道理来，通常也不太管用，但有效的讲故事技巧通常可以实现变革。

在大多数情况下，讲故事比"下命令"效果更好。管理中的各种时髦做法可能会风行一时，但讲故事对所有的国家、社会和文化来说都是一种基本现象，并且自古以来都是如此。

故事是激发持续创造力的工具，它是一股不可阻挡的力量，将我们推向未来和未知，去建立新的组织。

讲故事是创造力活动的一部分，目的是创造新的未来，这与传统的管理方法正好相反。传统管理方法追求的是安定，殊不知这种安定建立在往日虚幻的安全感之上，因此只不过是水中月、镜中花。

通过想象力那惊人的力量，讲故事可以帮助机构实现转变，即便它有庞大的组织也是如此。它能够通过一些抽象的东西和简单的想法扭转乾坤。

讲述推崇的是自由、互动和内生性的成长，它的运作方式超越了简单的线性逻辑。它在未知的领域跟在熟知的领域一样能够发挥出极大作用。

讲故事是发挥领导力的一项关键手段，因为它帮助我们将公司当成一个需要照顾、养护和鼓励才能成长的生命。它让我们意识到，公司的茁壮成长依赖激励而不是管控，依赖变革而不是停滞。

讲故事不仅仅是一个工具，它超越了任何工具——几乎是公司生存与发展的必要条件。要说它能提供什么，它给我们的视角带来了新的深度和广度，它使我们得以凌驾于那个凡事都有意义、都具逻辑的世界之上，并到达另一个境界，在这里更深的意义可以得到揭示。

那么，作为领导者，在管理企业的过程中，该讲哪些故事呢？

首先，是企业创业与发展的故事。通过讲这类故事，能激发员工积极进取、爱岗敬业的工作积极性，能增强企业员工的凝聚力、自豪感，进一步成为企业持续发展的动力。所以，一个好企业，一定会有个能带动员工工作热情，贯彻企业文化和精神的"创业英雄事迹"，它是百讲不厌的，因为这类故事是包括老板在内的全体员工都应永远记住并执行其工作精神的。

其次，是员工创新与执行的故事。讲这些真人真事，等于在干部员工中树立了学习榜样，并能通过这些故事，阐述工作中的因果关系。即告诉员工工作本身的规律性，使干部员工将其上升到理念，进一步成为势在必行的制度和习惯。

再次，是古今中外的管理故事。企业自身的故事，固然为员工耳熟能详且贴近生活，但毕竟存在一定的局限性，而且不够典型和广泛，教育意义会大打折扣。如果我们能收集、利用国内外企业的各种管理故事，在讲话中旁征博引、信手拈来，则会很有说服力。

最后，是古今中外的寓言故事。寓言是经过群众长年筛选锤炼的精辟故事，它比现实故事更具有情节简单、哲理深刻、叙述生动且有典型意义的特征。宣讲这些与管理有关的寓言，对于说服员工，通常会更精练且更有效。

领导会遇到的需要讲故事的几种情况

成功的领导者不仅要有思想，更要把思想编织成组织成员可以理解、认同与传播的故事。在企业管理中有如下几种情况需要用故事来说清阐明。

第一，需要诠释公司文化时。铸就企业文化，是整合价值观的复杂过程，需要在长期管理中不断灌输本企业的基本理念方能形成，但是一个理念要通过实践使员工认知，在诸多行动中形成习惯，构筑成为文化，实非易事。有头脑的企业家都是亲自宣讲、介绍企业文化的，从不找他人代劳。事实上，也只有创业者本人才能说清楚企业文化的来龙去脉。

一些领导者一味地灌输理念，让员工和下属自己去思考，他们忽视了一点，即要让员工服从企业精神，需要情感因素的参与，而不只是理性思考。对此，我们可以给出一个形象的比喻，在人的一生中，理性只不过是浮在海面上的冰山一角，在水面以下看不到的冰山主体，则是情感因素。企业家要想撼动整座冰山，首先就是要撼动员工内心深处的情感，而唯一能让你快速达到这一目的的方法，就是讲故事。

第二，需要解决问题和做出决策时。企业文化一旦形成或生根之后，往往会出现相反的东西，即出现阻碍问题解决的定式。此时此刻，通过讲故事，诉诸情感与拟人化，则有助于克服这一顽症，使人们获得跳出固有模式的全新感受。

人们在决策过程中，一度偏重使用量化方法来说明问题，使数据成为决策根据。这样似乎客观可靠，但它禁锢了人们的思想，使人缺乏想象力和创意，反而容易使决策失真。如果以说故事的办法来论证决策，辅以量化的数据，则使决策过程既合理，又不失真。

第三，需要纠正与指引员工行为时。为了使员工奉行企业家的价值观，最好的办法就是通过讲故事，激发员工对企业使命的忠诚，使员工有工作的愿景。

企业家讲故事，是表达企业家的信念和理想的最佳途径，也是企业家表明支持、反对与控制态度的最佳途径。在这个过程中，企业家通过讲故事在无形中就能控制与纠正员工的言行。

第四，需要推动企业不断变革时。企业总是在应变中不断改进工作的组织与程序，但变革与人的惰性是对立的，因此，变革的主动性总是存在于上层或少数人中，多数员工是被动地服从。此时，企业家直接靠讲道理来动员大家行动起来，带领大家向旧习惯、旧思想发起挑战，往往是很困难的。但是，通过讲故事，会很快得到员工的理解和支持，使员工肯在变革中有所投入，缓解抵触情绪，成为变革的主人。

企业家一般习惯强调"高科技"，容易忽视"高情感"，这往往使企业家理念的执行受阻。因此，我们在变革中要突出讲给员工带来的好处，而不只是谈给企业带来多大收益。

在选择故事的过程中，我们可采取三个步骤：一是明确目标，你想让员工采取什么行动；二是草拟内容，你希望员工树立一个什么愿景；三是铺陈情节，重在满足员工的情感需求，从而使目标得以实现。

第五，需要制订策略规划时。从古到今，人们在商业竞争与人际交往中，都少不了策略与部署。而一个成功的策略与计划本身往往就是一个很好的故事。其实把谋划作为故事提前讲给员工听，本身就是一个好的动员会，如3M公司就很善于用此法鼓励员工。

第六，需要提升领导人形象时。高高在上讲道理，远远不如深入群众中讲故事更为亲切，它可以大大缩短领导与群众的距离。实际上,在讲故事中剖析自己、分析别人,很有利于提升领导人的形象。

第七,需要在总结中传播知识时。一件错综复杂的事,是很难用文字描述的,但如果讲故事,就方便得多。如一个项目完成后,不用写总结,用讲项目筹划执行过程中的故事,画龙点睛地说明成败焦点,往往能达到极好的效果。IBM公司就善于用此法教育员工。

为什么企业需要讲自己的故事

古往今来,许多领导者都将讲故事作为强大的领导工具,他们都曾使用个人故事、寓言和轶事来帮助听众有效地吸取和整合信息、知识、价值与策略。丹麦作家爱莎克·迪内森说:"一个人就是一段故事。"同样,在管理过程中,现代企业的领导者都要懂得运用故事的力量。

首先,故事更容易被人们记住并分享。实际上,存储于人们大脑中的记忆多半是以故事的形式存在。有故事,就有情节,也就有开始、过程和结局,作为听者,哪怕他们不记得你所列出的具体数据,但是依然会记住你的故事,以及故事所传达出来的思想。如果你的故事是真实而吸引人的,他们会非常乐于与他人分享。很多源自个人经历的领导力故事,甚至有可能获得自身的生命力，在企业或社交网络上广泛传播。

其次，故事能触发听者所有的感觉、记忆和情感。现在我们来做个小实验：假如你是听者，你需要严格按照我的指示来行动。我现在禁止你想象一头紫色的大象。重复一遍，现在不要想象一头紫色的大象。然后，不要想象这头紫色的大象穿着溜冰鞋，以100公里的时速从山路上滑下，它的脖子上系着一条在微风中飘动的鲜红围巾。不要想象它在滑行过程中脸上挂着喜悦而自由的微笑。

事实上，一旦你读了上述句子，我立刻引起了你的想象，你已经在想象中成功建立了这样一头紫色大象的形象。同时，你又利用自己的记忆，产生了高速、兴奋、鲜红和紫色等联想，引人入胜、令人无法抗拒的故事会一下子抓住你的心。我讲了一个故事，但你在自己的想象中将它建立了起来，并牢记在心。当你饶有兴致地构想这些形象时，你甚至有可能露出会心的微笑。

再次，故事能让听者在没有引导的情况下自己得出结论。假设你有一个基于个人真实经历的故事，在这个故事中，你或另外某个人经历了一项非常艰巨的挑战，经历了很多挫败和阻碍，由于选择不当而犯了很多难堪的错误，但最终克服了所有困难，获得了杰出的成绩。对于听众来说，聆听这个故事也是一个间接的学习过程。他们会对这个故事给予很大的关注，首先会判明情况，感受到这些失败决策所带来的痛苦，以及结果的不确定性所带来的压力，关注这个人如何克服了失误，感受到他们最终成功的喜悦。由于你采取了讲故事的模式，听者会自动吸收关键的经验，并且轻松地记住它们。

另外，故事能建立信任。你可以避免纯粹的说教或耳提面命，因为人们不喜欢你命令他们做什么，他们喜欢你用故事来告诉他们怎样做是有效的，并且乐于把学到的经验用于未来的情境中。实践中，通过讲述你个人的失败故事，你还会得到人们更多的信任。当你把犯错和失败的例子讲给他人时，你也就展示了自己人性化的一面，他们会自然而然地更喜欢和信任你。因此，故事可以让你从一个"任务"型领导者变成一个专注于构建基于信任的人际关系的领导者。

最后，故事能帮人们想象并拥抱一个更光明的未来。作为领导者，你的成功取决于能否激发全体员工参与的愿望，以及他们的创意和激情。

华为的发展中曾有这样一个故事——为美丽的圣地"墨脱"构筑与外界沟通的信息桥梁。

墨脱曾经是一座"高原孤岛"，没有公路，所有物资的进出都靠背夫背运，沿途需要穿过雪山、峭壁和布满蚂蟥的沼泽地，路途艰险，仅有的卫星电话也只能保证打进，不能打出。2004年6月，华为全球技术服务部员工王文征和客户、合作方历尽艰辛进入那里，在墨脱建设了基站，为生活在那里的人们建立起与外界沟通的信息桥梁。

十几年间，无数的王文征，带着华为服务人的激情，聚成小河，汇成大江，流入大海，奔向世界，在全球构筑起了六百多万个通信基站，用华为的通信设备，搭建起了世界通信的万里长城。

这个故事中，华为就是这样一个各个层级的人充分投身宏伟愿景的民族企业，企业中每一位员工都为共同的目标而激情奋斗。不妨想象一下，如果你的公司的员工也有类似的激情会怎样？你的员工是否因一个激动人心的愿景而兴奋？还是他们只是简单地在机械工作？

每一个企业都有属于自己的故事。作为企业一员的你，如何将这些故事推到前台？你为什么要这样做？故事的存在需要有听众，他们抱着倾听的心态。倾听意味着全神贯注、兴趣盎然。作为听众，他们需要的是能够让其全身心融入的故事，不用怀着种种疑问去打断故事，也不需要对讲述者和故事内容的评判。因为，听众想听到的是每个能够让他们沉浸其中感同身受的细节，而不是出彩的片段或拘谨的汇报。

为了引出故事，你可以说"给我讲讲某事"，这种方法适用于和员工讨论问题、培训或激励员工等很多方面。这样讲述出来的故事细节丰富，更有情境感。如果你开始就问"你怎样处理这件事？""后来发生什么了？",效果会逊色很多。

惠氏制药有限公司全球医疗事务部负责培训和绩效的副主任肖洪斯发现自己必须运用"故事"技巧才能有效地与技术性员工进行沟通。只有以"给我讲讲某事的故事吧"开头才能避免机械的回答。

盛世广告公司通过鼓励员工讲述自己的故事，来加强员工对公司核心价值的认同。该公司每个季度全球范围内会有20位员工聚在一起，参加一整天的会议。会议内容就是鼓励大家分享激发灵感的故事，可以是如何从同事或工作中获得灵感，也可以是如何在工作中启发某位同事。盛世广告公司通过这样的活动将个体灵感与公司发展结合，这是其核心价值之一。

通过这种方式发掘故事，你会找到员工、客户、股东之间更深层、更有意义的联系，从中可以获取帮助你做决策的信息。如果大家信任你，这种方式可以让你感受到企业文化的脉搏，你能很快地知道哪些故事在流传。更重要的是你可以发掘到那些未曾有人讲过的故事。

六种领导要会的故事类型

对于领导者来说，掌握讲故事的技能尤为重要，然而，在不同场合，领导者需要讲不同的故事，我们可以将这些故事分为六大基本类型，每一类代表管理过程中的一部分。

1. "我是谁"的故事

当你被分派到一个企业、单位、组织或者一个小小的团队中，你开展工作的第一步就是要让大家认识和接纳你，如何快速实现这一步呢？

此时，如果你选择什么都不做，团队成员就会根据自己的经验判断你是谁，他们可能会认为你的观点、看法并不正确，这样是不利于你融入成员之间的。而此时，最好的解决办法是你为大家讲一个"我是谁"的故事，通过这个故事让团队成员对你有一个深入的了解，从而消除你和团队成员之间的隔阂，使他们认识到你也是一个普通人。

在讲这个故事时，你可以讲述一些自己曾犯的无伤大雅的小错，这些小缺点会让你这个领导看起来更普通，你也向大家传递了一个信息，你很信任他们，你是一名平易近人的领导，因为它表示着你也是普通人。

将故事思维运用于商界的第一人——安妮特·西蒙斯曾经说起，她发现当顾客第一次遇到她时，总会想当然地认为她的主要目标就是销售她的书或者是咨询课程。为此，她会讲述一个自己的故事：她父亲曾经是一名社工，从小就希望她能够帮助他人，父亲还认为她应该去法学院；但她下定决心做自己的事，选择移民到澳大利亚。

这个故事有双重强调的好处，一方面，说明她没有在特权环境中成长，因此她的背景和顾客是非常相似的；另一方面，她有时也会做一些愚蠢的决定，如不去法学院而移民澳大利亚就是一个相当极端的做法。通过这些故事她改变了顾客对她的看法，也因此更加接近顾客。

2."我为什么会在这里"的故事

这类故事和"我是谁"有相同之处，目的都是拉近和听众之间的距离，获得听众的信任，从而帮助团队意识到你没有任何不可告人的安排，告诉他们你是没有任何恶意的，而且愿意跟他们一起为实现团队的成功而努力。

某公司董事会为其事业部安排了一位绩效管理者，在第一次该部门员工绩效评估会议上，这位管理者对下属一个主管的述职提出了很多近乎苛刻的问题。

会议结束以后，这位管理者走近那位主管说："我相信你一定意识到了，我的问题并非针对你个人，我个人一直认为你做得很棒。但作为公司管理层成员，我的职责就是确保我们公司每一个部门的职责都落实到位。"这位主管听后打消了疑虑并表示完全理解，他甚至非常感激公司有着如此严谨的过程把控体系。

3.教育性故事

离开了演示，教育就变得格外困难，而这也是教育性故事要解决的问题。例如,"狼来了"的故事教育了无数的人不要撒谎。虽然这个故事很简单,但它流传了几个世纪。运用教育性故事可以使教育的内容非常清晰明了,从而帮助人们记住为什么他们需要优先做一些事情。

西蒙斯讲过一个真实的例子来强调教育性故事的价值。

她在与全国连锁的敬老院合作时发现,在这些工作人员中,有不少年轻人,他们心地善良,而且与老人说话时柔声细语,但西蒙斯认为,他们所使用的语调更适合面对小孩子,而不是老人,为此,西蒙斯给这些年轻人讲了一个故事,故事的主人公是她的祖母,她的祖母中风以后就再也不能说话了,几个月以后,她开始绝食,她认为与其没有尊严地活着不如死了,因为照顾她的人总是以恩人的方式和她说话。

4.愿景故事

讲这类故事是为了给他人构造一个完美的蓝图,尤其是当你需要告诉你的成员们应该怎么做以及应该做什么的时候,这类愿景故事能鞭策他们、提高士气,并且,领导者在讲述此类故事时,一定要带着感情、发自肺腑地陈述。

5."行动价值观"的故事

现在,给你一个词语——"正直",此时,你想到了什么?为人诚实?做事正派?同一个价值观在不同人眼中可能有着不同的意义。如果你需要在你的团队中传递某个价值观,那么，你需要先搞清楚这些价值观对团队来说意味着什么，然后传达给团队成员。举个简单的例子，如果你想告诉成员，他们需要为客户提供高质量的服务，那么，首先，你要让员工明白客户服务对团队来说意味着什么。

一家连锁眼镜店打出了这样的广告：如果客户在购买眼镜之后发现自己不喜欢，可以再回到店里获得一个新款眼镜。这么做，无疑会增加成本，店里的员工也觉得很纳闷，为什么经理要做这个决定。为此，经理给店员们讲了这样一个故事：

有一位顾客因为利用了商店的这些优惠而一直带有歉意，结果从那以后他不仅一直保持对这家连锁店的忠诚，还把这家连锁店推荐给他的家人和朋友。眼镜店的一点小小的损失给这家连锁店带来了更多的利润。

6. "我知道你在想什么"的故事

有商业，就有讨价还价，这是不可避免的，而向听众讲述这样的故事，能够表达出你对对方所持的不同意见的理解，然后你可以在此基础上陈述对方的不同意见是不合理的。并且，在讲述此类故事时，你要表达对对方的尊重，然后慢慢使对方接受你的观点。

一天，一个童鞋店来了一对母子，年轻的母亲穿着时尚靓丽，孩子看上了一双价格昂贵的鞋，母亲犹豫了。此时，售货员向这位母亲解释说，如果孩子回去穿了鞋，觉得不舒服的话，一周以内都可以拿回店内进行退换或者直接退款，当然，售货员所说的意思是即使这双鞋被穿过无法再卖出去，也是可以的。

当时，售货员介绍说就在上周，就有一位母亲相信了她的话，买了鞋，然后又退了回来，当然，这个情况在上周是唯一一次发生，并且，当时退货的理由是孩子不喜欢这双鞋，而且，鞋子也没穿。

由此可见，故事的领导力是强大的。成功的领导者不仅要有思想，更要能把思想组织成成员可以理解、认同与传播的故事。

领导讲好故事的必备要素

前面我们已经分析过故事对企业管理的影响，但除此之外，我们还需要知道怎样做才能成为一个会讲故事的人。因此，作为领导者，还要花点时间努力成为一个会讲故事的人，具有令人信服的讲故事能力，不是只会干巴巴地摆数据、定方向、说一些陈词滥调。

的确，讲故事是传递共有的价值观和理想的一种最古老的方式。好故事能够触动人的内心，并且吸引人、教育人。它激励人们向故事中所描述的好的行为学习，让人们知道不好的行为所造成的结果，其宣传、教育效果远高于长篇大论的说教和贴在墙上的标语口号。因此，会讲故事、讲好故事，已经成为领导者的重要能力之一。在适当的时间讲适当的故事，用简单的方法认识复杂的世界，是领导者进行有效领导的重要技能。虽然针对不同的目的，故事的构思以及故事的讲法各不相同，但研究结果证明，一个能有效构建领导力的故事，至少包括下面几个关键要素。

第一，要有故事情节。心理学研究表明，当人们听到一个故事时，他们会随着故事的情节经历一场旅行，以虚拟的方式讲故事的人被转移到另一个不同的世界，将自己投身到故事世界之中。而要达到这一精神之旅的效果，前提是故事本身对听众具有吸引力，能够引起其兴趣，刺激其快速加入进来，主动地进行参与。领导者呈现给下属的故事要尽可能多地叙述所发生的细节，特别是主人公的行动。描述行为之所以重要，是因为下一次当别人也面对类似处境的时候，他们就可以回忆起故事的情景，有一个可以采取的模范行动。他们真正采取的行动可能并不正好是故事中的人采取过的，但至少他们有了一个行动的参考，这也正是领导讲故事所要达到的目的。

第二，故事的内容符合当时的组织需求。领导者讲的故事应与组织面临的战略挑战相结合，效果才会好。这并不是说领导者在讲故事的过程中，不能讲述组织环境之外的故事。故事可以是本单位的，也可以是外部的，可以是古代的、现代的、国外的，可以是真实的，也可以是"编造"的。但重要的是，这个故事应与组织要解决的问题、与面临的挑战联系起来，这样的故事讲起来、听起来才有意义。

第三，讲故事要看对象和环境。对于领导者来说，在构思和讲故事的时候，一定要看对象和环境，即要考虑听众的层次和需求。毕竟，不同的人关心的事情是不一样的，基层干部关心的是如何完成工作任务，而不是如何面对战略转型的挑战；领导干部关注的是组织战略的谋划和决策的实施，而不是日常的具体管理工作。所以，构思故事时一定要使听故事的人能够想象自己在当时的环境下可以怎样解决问题。能考虑到听故事的对象兴奋点在哪里，故事的针对性就增强了。给普通员工讲故事，就要帮助他们认识自我、接受现实、迎接挑战，让他们有梦想又不好高骛远；对喜欢哲理且知识层面较高的群体，就要讲逻辑性强的故事，调动他们参与思考，使其从故事中得到一些生活的启发，从而感到满足。

第四，故事最好有一定的戏剧性。在听故事的人眼里，一个生动形象的故事会更吸引他们的注意力。所以，领导者在讲故事时，如果能够尽最大可能在其中加入一段曲折的情节或令人惊奇的内容，就会使故事更加令人难忘。

第五，故事一定要具有价值。有价值的故事能够触动心灵，给人以启发，直至影响人们行为的改变；有价值的故事，不仅能使人们分享组织的价值观，强化对组织文化的认同，还可以帮助人们准确理解组织的发展战略及目标。美国前总统林肯对他自己讲故事本领的理解，对我们是很有启发的。他曾经说过："我相信我会讲故事这点已经出了名，但总的来说我是名不副实的，因为我感兴趣的不是故事本身，而是其目的或效果。我往往用一个简短的故事来说明我的观点，从而避免别人冗长而无味的议论以及我自己费力的解释。"可见，关注故事的效果是领导讲故事不容忽视的因素。

另外，我们总结出领导者在讲故事时，有这些注意事项：

（1）要以杰出人物的感人事迹开头。

（2）讲真人真事，准确无误，切记，真诚才能打动人。

（3）每次只讲一个主题，不分岔，不拖泥带水，讲究单一。

（4）要少而精，不是说书。

（5）用会话语言，亲切活泼。

（6）点评是画龙点睛，要简单明了。

事实上，每一位领导者都是有故事的人，但并不是每个人都懂得故事本身蕴含的巨大力量，都擅长讲故事。相较于令人昏昏欲睡的数据和各种"假大空"的职场套话，讲述你自己的故事不仅能建立信任，还能激发员工想象并拥抱一个更加美好的未来。

第 2 章　故事可以增强团队凝聚力

> 松下幸之助说:"管理的最高境界是让人拼命工作而无怨无悔。"弗朗西斯说:"你可以买到一个人的时间,你可以雇一个人到固定的工作岗位,你可以买到按时或按日计算的技术操作,但你买不到热情,你买不到创造力,你买不到全身心的投入,你不得不设法争取这些。"的确,就长远来看,你根本无法强迫任何人做事,只能让他们自己心甘情愿地做。而唯有激励才能让员工燃烧起来,让激情经久不息;唯有激励才能使人的潜力得到最大限度的发挥。然而,激励的方式有很多,其中领导者通过讲故事的方法,将所要传达的核心观念在潜移默化中传达给员工,能更易被员工接受。讲故事是一种聪明地驾驭和管理下属的方法,能帮助他们最大限度地发挥才智,给你带来意想不到的成功和惊喜。

讲付出的故事,引导员工主动为团队奉献

作为一个企业的领导者,你是否考虑过一个问题,员工为什么不能积极主动、全力以赴地工作?员工的工作热情为什么

难以持久？员工为什么不能像老板一样工作？实际上，懒不是人的本性，是由环境造成的，下属之所以懒，是因为缺少领导者的激励。人是需要激励的，人的工作干劲来自于激励。所谓"水不激不跃，人不激不奋"，有无激励大不一样。对此，日本社会学家横山宁夫提出：自发的才是最有效的，激励员工自发地工作最有效并能持续不断的控制不是强制，而是触发个人内在的自发控制。

领导需要明白的是，有自觉性才有积极性，无自觉性便无主动权。在管理的过程中，我们常常过多地强调了"约束"和"压制"，事实上这样的管理往往适得其反。如果人的积极性未能充分调动起来，规矩越多，管理成本越高。

不少领导者在管理中发现，一些下属和员工对于当下的工作似乎很不满意，总是认为公司给予的报酬太低，所以"怨声载道"，而他们似乎没有认识到一点，他们从公司索取的报酬，与他们对公司做出的贡献是等同的，一味地抱怨不能解决问题，唯有努力提升自己，才能改变糟糕的工作现状。对此，如果领导者一本正经地提出来，恐怕下属未必接受，而如果采取讲故事的方式，曲径通幽，可能效果更好。我们先来看下面的故事。

达达经营着自己的一家公司，规模不大，达达凡事亲力亲为，公司效益不错。

第2章 故事可以增强团队凝聚力

一天，公司秘书小梁来敲达达的门，她开门见山："经理，我想辞职。我也不藏着掖着，您给的薪水太低了，在上海这样的大城市，这么点工资，确实不大好生活。"

达达说："小梁，你来公司好像已经有半年了，对吧？"

小梁肯定地点了点头。

达达继续说："你先听我讲个故事吧。一天，同事A对B说：'我要离开这个公司。我恨这个公司！'B建议道：'我举双手赞成你报复！破公司一定要给它点颜色看看。不过你现在离开，还不是最好的时机。'

"A问：'为什么？'

"B说：'如果你现在走，公司的损失并不大。你应该趁着在公司的机会，拼命去为自己拉一些客户，成为公司独当一面的人物，然后带着这些客户突然离开公司，公司才会受到重大损失，变得非常被动。'

"A觉得B说得非常在理。于是努力工作，事遂所愿，半年多的努力工作后，他有了许多的忠实客户。

"再见面时B对A说：'现在是时机了，跳槽要赶快行动哦！'

"A淡然笑道：'老总跟我长谈过，准备升我做总经理助理，我暂时没有离开的打算了。'"

听完达达的故事，秘书小梁说："好吧，经理，我收回我刚才的话,我回去工作了,您忙。"

说完,她便离开了。

秘书小梁为什么听完达达的故事后,就改变了辞职的决定呢?因为达达通过故事告诉她,个人的努力,必然会回报到自己身上。只有付出大于得到,让老板真正看到你的能力大于目前的位置,他才会给你更多的机会替他创造更多利润。

心理学家认为,一般情况下,人的行为都是出于某种动机的,也就是说,动机是行为产生的动力。动机的性质不同,强度不同,对行为的影响也不同。所以,一个员工,他是否愿意从事工作、其工作积极性是高还是低,都取决于他进行这一工作的积极性的高低。而形成动机的条件是内在的需要和外部的诱导、刺激,其中内在需要是根本原因。综合来讲,就是"需要产生动机,动机引发行为"。因此,激励的本质就是满足需要,激励的研究应从了解人的需要入手。需要就是指人们对某种目标的渴求和欲望,它是能使某种结果变得有吸引力的一种心理状态,是人们行为积极性的源泉。

事实上,每一位领导者都希望员工在工作中投入极大的热情,员工也只有不断提升自己,才能不断胜任更高难度的工作。员工能力得到提升才能带来公司实力的提升,如果员工做一天和尚撞一天钟,必然会令公司止步不前。

因此,如果领导者希望你的员工付出最大的努力工作,就应该调整自己的激励方法，一味地训斥与施压可能无法见效，为员工讲付出的故事，让员工认识到付出与收获的关系，必然会使他们对企业充满信心，也愿意付出努力，从而促进员工自我管理，做到了这些，员工自然就和公司融为一体了，也就达到了员工的自我控制。

讲感恩的故事，引导员工保持阳光的态度

可能不少领导者在管理中发现下属工作积极性不高，有些员工甚至直接对工作抱怨起来："唉！每天都在重复这些工作！""为什么每次都让我去处理这些事！""什么时候才能给我涨点工资呢？"……他们对工作似乎一点也不满意，而这导致他们工作效率低下，对企业发展毫无益处。这就需要管理者加强对下属的激励。有人曾说："激励对人类的灵魂而言，就像阳光一样，没有它，我们就无法成长开花。但是我们大多数人，只是敏感地躲避别人的冷言冷语，自己却吝于把激励的温暖阳光给予别人。"一个高明的领导者不仅善于激励下属，而且善于利用特别的方法激励，比如讲故事。那么，讲什么故事能激励下属呢？

对于那些抱怨工作、工作积极性差的员工和下属，领导者可以讲一些感恩的故事，让下属认识到积极工作的重要性。

麦克是某科技公司新调来的培训主任，他受公司董事长委托，要在公司的IT部门进行一次演讲，这家公司最近几年之所以效益不好，主要是因为这些技术人员工作积极性不高，他们日常工作氛围消极，更没有人愿意挑战公司设立的创新奖。

针对这样的情况，在演讲大会上，麦克这样说：

"我想坐在这里的所有同仁们，都敬佩一个人，那就是盖茨，他是我们IT行业的先驱。然而，盖茨乃至微软的成功并非那么简单。

"微软最初是从两个好朋友创业开始的，发展到现在，已经成为拥有八万多员工的大企业了。在公司中，盖茨的领导力发挥了重要的作用。他独特的人格魅力，他所营造的积极勤奋的工作氛围，吸引了全球软件行业的顶尖人才。他们个性迥异，如果没有他们对盖茨的感恩、对工作的勤奋，那么微软在30年的创业历程中随时都有可能分崩离析。

"如今，微软公司内部早已营造出一种'工作第一，以公司为家'的气氛，当年盖茨本人对工作的狂热和勤奋也带动了员工的工作激情。大家都昼夜不停地干，甚至可以一连几天都不休息。人们也经常看到盖茨加班工作，与员工一起讨论公司的经营计划，并经常鼓励员工要突破障碍，努力进取。对表现出色的员工，盖茨也会给予精神上的鼓励，以及高额的物质奖励。这也让员工自身的价值得以体现，对微软和盖茨都充满了感恩之情，而这种感恩，又会带动员工的积极性和工作热情。面对困难时，一个员工可能难以解决，但是多个员工同心协力，困难就会很容易被瓦解。

"如今的盖茨已经辞职了，但他为微软创造的价值，以及为微软员工带来的影响，却是深远且意义非凡的。正是他站在员工们的前面，为员工做榜样，才让更多的微软人找到了归属感，让员工真正体会到微软不只给员工发薪，还关注员工未来的发展以及他们的家庭，从而使员工心怀感恩，更乐于勤奋工作。

"我不能保证我们公司能有微软的成就，但是我保证，如果大家把公司当成一个大家庭，公司会给大家一个灿烂的明天。"

这里，迈克并没有直接向听众灌输员工要感恩的观念，而是以讲故事开头，这样听众更容易接受。并且，在演说最后，迈克饱含激情，提出了对听众的希望，展现了自己的号召力。

那么，具体来说，领导者在给下属和员工讲感恩的故事时，该注意些什么呢？

1.尽量使用积极的激励语言

有时候，员工就像是课堂里的学生，对他们要多使用积极的激励语言，诸如"你很不错""这件事情办得不错""你想得很周到"类似的积极的语言，才能激发出员工的热情，才能激励他们继续努力。

同样，在向他们讲此类故事时，领导者也不可一味只讲故事，同时应该肯定下属，要做到此时无声胜有声，哪怕员工真的工作积极性差，也需要先肯定对方的努力，如果你忽视了员工的努力，而只抓住一点小错误，那么，员工非但没被激励，反而会变得很沮丧，相应地，其工作的积极性和热情也会受到打击。

2.运用富有情感的语言

讲话感染力强，效果就好。相反，平淡无奇，死水一潭，没人爱听，大家就会指着讲话者说"没水平"。

所以，领导者必须注意研究听众心理，把握讲话现场的状况，从容应对各种局面。要善于运用富有感情的语言来讲此类故事，或用慷慨激昂的感召，或用富有哲理的评议，或用激励的语言，扣人心弦，励人斗志，激起听众的热情，增强听众的信心。

3.提出自己的希望

在故事结束时，领导者要让听者明白你讲此类故事的目的。当然，提出希望的效果如何要看领导者的号召力如何，我们常听到这样的评价："某某领导号召力强""某某领导有魄力"，其实，"号召力强""有魄力"很大程度上是通过讲话来表现的。

可见，领导者在管理企业的过程中，如果下属总是抱怨工作、工作积极性差，可以通过讲感恩的故事来影响对方，令其感动，进而让员工能够牢牢记住你的讲话，感受到你的魅力，受到你的鼓舞，最终按你的指示行动。

讲合作的故事，引导下属重视协同合作的作用

任何一个领导者都明白，管理做的就是管理团队的工作。很多公司和企业之所以没有取得很好的发展，甚至不得不面临倒闭，都是因为没有做好管理工作。而如果一个领导者能带领一支由拥有不同专业知识技能的成员组成的团队，充分发挥团队成员的积极性，便能不断挑战更高的工作目标，不断创造更高的绩效。而要做到这一点，你可能需要比其他员工更勤奋、需要掌握更多的知识，但最重要的是你要善于运用自己的智慧，激发下属的合作意识。对此，我们也可以采取讲故事的方法，让下属认识到合作的重要性。

在一次某公司新员工入职大会上，该公司董事长讲了这样一个故事：

"1860年美国大选结束后几个星期，有位叫作巴恩的大银行家看见参议员萨蒙·蔡思从林肯的办公室走出来，就对林肯说：'你不要将此人选入你的内阁。'

"林肯问：'你为什么这样说？'

"巴恩答：'因为他认为他比你伟大得多。'"

"'哦，'林肯说，'你还知道有谁认为自己比我要伟大的？''不知道了。'巴恩说，'不过，你为什么这样问？'林肯回答：'因为我要把他们全都收入我的内阁。'"

这位领导者之所以在新员工就职大会上讲这个故事，其目的是要告诉员工，团队的力量是无法估量的。

的确，古人云："三个臭皮匠，赛过诸葛亮。"这句话是说，一个人的力量是有限的，而众人的合力可能就是惊人的。当然，要发挥众人合力的作用，团队成员必须做到齐心协力，必须保证团队内部结构合理。同样，在现代企业中，管理团队的领导者们，在组织团队成员的时候，也要优化团队结构，从而集众人之力量发挥团队的最大力量。

恩格斯讲过一个法国骑兵与马木留克骑兵作战的例子：骑术不精但纪律很强的法国兵，与善于格斗但纪律涣散的马木留克兵作战，若分散而战，3个"法"兵战不过2个"马"兵；若百人相对，则势均力敌；而千名法兵必能击败一千五百名马兵。说明法兵在大规模协同作战时，发挥了协调作战的整体功能，说明系统的要素和结构状况，对系统的整体功能，起着决定性作用。

成功学大师拿破仑·希尔曾认为，"集思广益"是人类最了不起的能耐，不但可以创造奇迹，开辟前所未有的新天地，

第2章 故事可以增强团队凝聚力

还能激发人类的最大潜能。常见的情况是,人们在思想的交流与碰撞中,一次就有可能产生独自一人10次才能完成的思考和联想。

当然,人与人的合作不是人力的简单相加,实际上要复杂和微妙得多。人与人很像方向各异的能量,相互推动时事半功倍,相互抵触时则一事无成。而团队很容易患上五种机能障碍:缺乏信任、惧怕冲突、欠缺投入、逃避责任、无视结果。它们并不是相互独立的,实际上它们会产生连锁反应,共同形成一种团队工作模式,这使得它们中的每一种都可能成为团队的致命杀手。

去过寺庙的人都知道,一进庙门,首先是弥勒佛,笑脸迎客,而在他的背面,则是黑口黑脸的韦陀。但相传在很久以前,他们并不在同一个庙里,而是分别掌管不同的庙。

弥勒佛热情快乐,所以来拜的人非常多,但他什么都不在乎,丢三落四,不能好好地管理账务,所以寺庙入不敷出。而韦陀虽然管账是一把好手,但成天阴着脸,太过严肃,搞得人越来越少,最后香火断绝。

佛祖在查香火的时候发现了这个问题,就将他们放在同一个庙里,由弥勒佛负责公关,笑迎八方客,于是香火大旺。而韦陀铁面无私,锱铢必较,则让他负责财务,严格把关。在两人的分工合作中,庙里一派欣欣向荣的景象。

其实在用人大师的眼里没有废人，正如武林高手，无须名贵宝剑，摘花飞叶即可伤人，关键看如何运用。

对此，团队领导者除了讲故事外，还需要在日常工作中做到以下几点。

1.激励

合理、恰当地应用激励方式可以增强团队凝聚力。为此，可以组织团队拓展培训，使成员在团队活动中体会到团队的重要性和团队凝聚力；开展积极的团队竞赛活动，通过参与竞争来增强团队凝聚力。

2.民主

作为领导者，你应该鼓励团队成员多发表自己的意见和看法，在团队决策上应共商共议，力求最大限度反映民意。切忌独断专行，做到领导方式上的民主化，这对于拉近团队成员与领导者间的距离是极为有利的。

3.沟通

任何时候，领导者都不能忘记沟通对于团队凝聚力建设的重要性，领导者一定要保证在团队内部有足够的沟通时间、适宜的沟通空间或渠道、良好的沟通氛围。

4.规范

在管理团队上，有无一定的规范，也影响着团队凝聚力的形成与发展。如果制定有效合宜的团队规范，会在一定程度上约束成员的行为，使成员行为最大限度地指向团队任务。

总之，团队领导者应明确自己的角色，逐步加强与团队成员的联系，善于通过讲故事来激励别人，建立友好关系，要用不同的方式和不同的人打交道；要明确团队目标，协调人际冲突，增强团队成员间的信任关系；团队领导者还要认真规划未来，培养下属，让新成员快速融入团队。

讲奋斗的故事，引导下属为共同的愿景而努力

前文我们在谈到故事的六种类型时，就提到了"共同愿景"的故事，领导者讲这类故事，有助于鼓舞士气，激励下属，提升员工的工作热情。的确，人与动物是不同的，人有着高级的思维能力，因此，人也就不能和动物一样浑浑噩噩地生活，人的行动必须有目标。同样，企业管理也是如此。因此，作为团队和企业的领导者，在管理团队的过程中，只有给出一个指引方向的共同愿景，才能让员工们看到美好的希望，自动地朝着目标前进，也才会让他们有动力战胜各种困难。而讲故事就能帮助领导者实现这一管理目标。

在某研发小组成立的动员会议上，该小组组长讲了这样一个故事：

德国球员就像军人，纪律严明，谨慎细致，不管是在落

后、领先、僵持的哪种情况下，总是保持着统一的基调，按部就班地寻找机会，不到最后一刻绝对不放弃比赛。英格兰前著名前锋莱因克尔曾说过："足球就是11人对11人的运动，最后取得胜利的总是德国人。"荷兰教父克鲁依夫也这么说过："都说荷兰飞人，但是真正能跑的是德国人，他们简直可以不停地以一个频率奔跑。"这两位都曾经是德国队的有力对手。依靠团队协调，德国队屡屡创造骄人战绩。

在一个出色的足球队中，并不一定每个球员都是最优秀的，但这个足球队的搭配和组合一定是最优秀的。我们成员间也是如此，我不能保证我们每个人都是天才，但是我要得到大家的保证，保证你们都能做到齐心合力，保证我们的合作是协调的、顺畅的，而不是彼此之间存在内耗的。

这里，我们发现，这位小组长是个有号召力的管理者，他通过讲德国球员的故事，告诉了小组成员，只要一起合力向前，就能实现辉煌。

的确，"三个臭皮匠赛过诸葛亮"，团队的力量毋庸置疑。但有没有共同的目标、共同目标的好坏会直接影响团队的风气、精神，汤普林在指挥英国皇家女子空军时说过这样一段话：通过统一一种力量，使这种力量叠加升级，从而统一各个分散的力量，就会如磁石一样给别人一个凝聚的目标。这告诉我们：第一，要确定团队目标，明确共同利益；第二，团队目标必须能反映个人需求，个人需求能促进团队目标。

总之，团队目标对于团队的工作具有极大的鼓励作用，设置合理的目标将大大提升业绩。

那么，领导者该如何通过讲故事为员工设定工作的方向呢？

（1）事先营造良好的讲话氛围。

（2）领导者讲故事时必须充满活力。领导者在讲故事时必须饱含感情，才能感染团队成员。

（3）态度真诚。领导者在讲完故事后，要鼓励团队成员通过合作发现并处理分歧、参与决策、做出重大决策向前推动工作等。

（4）领导者在故事中表达的目标或使命必须要清晰明确。这个目的或使命通常包含在企业的使命书中，它反映了企业的远大目标。正是凭着这个目标，团队才有了一种方向感。

相对于整个团队来说，小组也应有明确的目标，而且小组每个成员的作用也应很清晰明确。而设置这一目标，必须遵循以下原则。

（1）目标应量化、具体化。

（2）给目标设定一个清晰的时间限制，与此同时，还必须对完成任务的时间进行一个合理的规定。

（3）目标的难度必须是中等的。

除了上述三个原则外，还要对目标进展情况进行定期检查，运用过程目标、表现目标以及成绩目标等方式的组合，利用短期的目标实现长期的目标，设立团队与个人的表现目标等都有利于团队凝聚力的培养。

总之，通过讲故事来明确团队的共同目标，使个人目标与团队目标高度一致，可以大大提高团队的工作效率！

第 3 章　讲故事比讲道理更有用

> 想要说服他人，给他讲道理不如给他讲故事，因为故事更加生动且深入人心。这种人类早就发明了的有效传播信息方式，也是当今领导者必备的技能。甚至可以说，不会讲故事，就无法做好新时代的领导者。与其说领导者要会讲故事，不如说领导者要善用讲故事的方式讲道理。无论古今中外，故事都是文化传递与价值传输的重要载体，用讲故事的方式讲道理，可以让道理更加亲和、更有魅力、更有效果。

你无法说服下属的原因

我们都知道，在任何一个团体或群体中，都有领导者，他所领导的这个团体或群体，可以是几人或几十人，可以是几十或上百人，也可以是几百或几千人。作为领导者，他每天都需要管理这个群体或团队，或是下达工作任务、做工作总结，或是提出工作意见等，以此实现领导的目标。而这一切管理工作的开展和落实，都始终离不开领导的口才。可以毫不夸张地说，一个领导若是口才卓越，他的管理能力也会是非常出色的。也就是说，一个领导者，要想提升自己的管理能力和领导能力，首先就要锻炼自己的口才，因为，领导的管理离不开好口才。

美国前总统尼克松曾经说过："凡是我所认识的重要领袖人物，几乎全都掌握一种正在失传的艺术，就是特别擅长与人作面对面的交谈。我认为这个共同点并非偶然。领导即说服，一位领导者如果不能在交谈时吸引人、打动人，那么，他大概也说服不了人，因此也未必能成为领导者……"作为现代企业或组织中的领导，开展工作任务的关键部分就是说服下属，然而，在现代企业中，不少领导者遇到了这样的困扰，在与下属沟通的过程中，正是因为无法说服下属，才导致了工作中下属工作积极性不高、工作效率低，进而导致整个企业的效益不高，对此，我们不妨先来看下面的案例。

有人讲了这样一段话："同志们，在改革的过程中，我们一定要旗帜鲜明地肯定那些应该肯定的事物，坚决否定那些应该否定的事物。我们不能只知道肯定应该肯定的事物，而不知道否定那些应该否定的事物；也不能只知道否定那些应该否定的事物，而不知道肯定那些应该肯定的事物，更不能够肯定了应该否定的事物，而否定了应该肯定的事物。我的讲话完了。"

这个讲话，等于没讲。

有的领导在讲话的时候，就是只采用教条式的语言，而缺乏切实有效的内容，因而显得空洞无味。领导没有必要把一些华丽而无实际意义的语言放到自己的讲话中，毕竟讲话并不是写优美的文章。讲话重要的是要让听众明白你的意思，所以要尽量多说实在话，少说一些冠冕堂皇的话。

那么，如何才能避免这一点呢？其实，领导可以在讲话的时候，运用简单的故事来表达自己的想法，这样，就会让人清楚你所要表达的意思。对此，我们不妨再来看看下面这个故事。

时值"二战"伊始，美国的一些科学家通过情报了解到德国已经在研发原子弹，他们请求科学家爱因斯坦写了一封信，经由罗斯福的私人秘书萨克斯转交给罗斯福，希望总统能同意试制原子弹。

然而，对于科学家们的请求，罗斯福断然拒绝了，此时，萨克斯为罗斯福总统讲了这样一段历史：

英法战争期间，在欧洲大陆上不可一世的拿破仑，在海上却屡遭失败。当时美国发明家富尔顿劝他撤去船上的风帆，在船上装上蒸汽机，把船上木的甲板换成钢板，这样，军队战斗力能大大提升。然而，固执守旧的拿破仑却认为，船没风帆不能航行，木板换成钢板会下沉，所以驳回了富尔顿的提议。其实，当时如果拿破仑能不刚愎自用，接纳富尔顿的建议，可能18世纪的历史就得改写了。

听了萨克斯的话，罗斯福若有所思，最终同意了科学家们的建议。

在这个故事中，萨克斯是如何说服罗斯福总统的？在总统拒绝的情况下，他列举了历史人物拿破仑失败的教训，借此让总统认识到新式武器研制的重要性，进而让总统同意自己的建议。

一个领导的口才力直接体现其作为领导的管理能力，领导管理离不开好口才，一个拥有好口才的领导一定是一个卓越的管理者。在日常工作中，不管是哪一个行业或哪一个层级的领导，都是一个群体或团体活动的筹划者、指挥者和管理者，无论是下决策、安排工作、部署任务，还是教育、管理下属，这些工作都需要通过口才来实现。领导者管理下属的过程其实也就是展现其口才的过程，口才作为领导者必备的一项基本功，千万不可忽视。

一个领导的口才能力，不仅会对领导活动的顺利开展和领导目标的顺利达成产生巨大的影响，而且对领导者个人树立称职的领导形象也起着至关重要的作用。每一个具备好口才的领导者，都善于讲故事，在说服下属的过程中，他们绝不会大放厥词，叙述空洞的大道理，而是善于将道理寓于故事中讲述出来。因此，作为企业领导人，在提高管理能力的同时，也应该学会讲故事的本领。

第3章 讲故事比讲道理更有用

好品牌的打造需要一个好故事

在任何一个品牌成立之初，营销都是关键，品牌营销策略很多，其中，大概只有故事才能让一个品牌的概念变成一个脍炙人口的神话、一则人人传颂的寓言。有什么比讲一个精彩的故事更具吸引力，更加引人入胜呢？英文内容营销中流行一个词叫作"story telling"，直译成中文就是"讲故事"。内容营销的本质，就是把自己的故事用大家喜闻乐见的方式表达出来。

使用内容营销不仅可以告诉用户一个引人注目的品牌故事，而且能够让人们对你的公司和产品有更多的了解。当品牌公司讲出一个引人入胜的故事，受众必然会产生了解的兴趣，再通过使用有效的讲故事技巧，当然会使大家对故事和故事背后的公司或产品印象深刻。可见，讲好故事对搭建品牌和客户之间的桥梁起着关键作用。

新百伦讲了一个李宗盛《致匠心》的故事，使其品牌格调又陡然升了一截；

王石讲了一个登山的故事，为万科节省了三亿元广告费，当然，好处还不止此；

海尔只讲了一个砸冰箱的故事，就让人们认识了海尔，相信了海尔产品的品质；

如果钻石本身算作一个品牌的话，它就在20世纪讲了一个最好的故事，"钻石恒久远，一颗永流传"，从此成为忠贞不渝的爱情的见证。

那么，打造品牌为什么要学会讲故事？

因为我们都爱听故事，其实不只我们，我们的大脑也很喜欢故事。当我们试着去理解一件事情时，大脑会开始自我挑战，不断寻找建立连接的方法。我们喜欢一切有情节的东西，当看到一出好戏、一条好的新闻，我们会产生情绪上的共鸣，这是大脑接收资讯后开始产生的反应，故事有时候对大脑的影响就好比"迷幻药"一般。

消费者喜欢听故事，是因为故事开辟了品牌与消费者之间新的沟通方式，双方不再是买卖关系，而更像讲述者与倾听者。所以，品牌喜欢讲故事，借由故事展开内容营销，营销预算未增加，效果却远超其他方式。

很多伟大的品牌、个性十足的品牌，都是讲述品牌故事的高手。一般来说，品牌的主要目的就是用情感和相关性将企业产品服务和消费者联系起来，为消费者创造一种迷人的、令人愉快和难以忘怀的消费体验。在企业的品牌发展战略中运用讲故事的原理，能够让品牌建设更加有效。

很多品牌都有自己不错的故事——它们的历史、它们正在做什么等——但是它们没有成功地在品牌与消费者沟通的各个接触点上始终如一地将品牌故事传递给消费者。下文将介绍几个讲述品牌故事非常成功的企业，它们来自各个行业，但在讲述品牌故事上有一些共同点：品牌故事非常清晰、品牌特征非常鲜明、利用多重渠道来传播自己的品牌故事。

这些企业在品牌建设中的故事分为以下六种类型。

1.创业型故事

2014年9月，在阿里巴巴上市之际，"马云的名片"在网络上被热转。原来还没有成就阿里巴巴时，马云的"名头"还只是杭州一个不知名小公司的业务副经理、市场部主管。当一个企业成功时，人们似乎更愿意去"八卦"那些成功前的往事。一个品牌从无到有，创业的过程往往是成就品牌的关键，创业者的个性与创业时期的故事，也很可能决定了品牌基因。

在讲创业故事方面，奢侈品品牌绝对算是高手。所有营销的最终目的无疑都是增加销售额，但奢侈品营销的长期目标则是潜意识的品牌植入。或许不是所有品牌都需要从营造自己奢侈品的身份开始做起。但是奢侈品品牌每进入一个新的市场，抑或是每次推出新产品，讲故事往往是它们的开场白。

2.历史型故事

时间有时也是品牌资产的一部分，在漫长的岁月中，大浪淘沙，只有优秀的品牌才能做到历久弥新。热水器，是一种很难彰显"性格"的品类，很多"80后"可能还记得一款本土热水器品牌——万家乐。"万家乐、乐万家",当年这样一句广告词通过电视传遍千家万户,但我们也只是记住了这句广告词,对于这个品牌还是一无所知。而另一家美国热水器品牌则要聪明许多,同样也是一句广告词"我家的A.O.史密斯热水器已经用了52年",但其表达出的信息量却要多得多:该品牌热水器的品质即刻被传达,品牌的历史厚度也被形象化表达出来。

3.传播型故事

可能有的品牌会问:我不是大品牌,更没有香奈儿、百达翡丽那么悠久的历史,难道就没有故事可讲了吗?老企业有老企业的讲法,新企业和新产品也可以有动听的故事,就看你怎么切入了。

对于新品牌,一个好的故事就等于省去大笔的广告费,还可以使品牌迅速在同类产品中脱颖而出。

4.相关型故事

如果品牌有足够好的资本,那么完全可以自顾自地讲故事,使品牌本身成为焦点,吸引更多的消费者。如果没有,那不妨从"相关性"入手,将品牌身份与消费者需求紧密结合起来,加强二者之间的双向沟通,通过建立联系,实现品牌目的。

相比B2C品牌,B2B企业更难与消费者建立链接,但好的

B2B企业一定是会讲故事的企业，如GE、SAP。以SAP为例，它是一家B2B的软件公司，与一般消费者的"关系"看起来比较远，怎么讲好它的故事？SAP就用到了跟人们生活紧密相关的节日——复活节，来讲述SAP的故事：

在复活节这一天，孩子们可以拿到很多巧克力，所以，孩子们都很喜欢这个节日。因为世界上85%的可可企业都是使用SAP的软件来维持经营的，如果SAP软件消失的话，这些经营可可的企业就没办法运作了，小孩子就吃不到巧克力了。通过这个故事人们意识到，SAP和人们的生活如此相关，并不仅仅是和冷冰冰的机器打交道。

5.风格型故事

有些品牌故事就是为了塑造自己的品牌风格，走差异化路线。人们只要一想到某种风格，就会马上想到这个品牌。因为饮料行业产品的同质化很普遍，所以这一点更为明显。

如葡萄酒行业已经形成一套标准的规程，产地、酿造过程、历史、风味，甚至与怎样的食物搭配都包含在品牌内涵之中，而这些品牌故事的元素不同，就决定了产品价格也不同。再如中国的白酒也分很多种，不同的白酒品牌会有不同的特色：洋河是绵柔的味道、古井是年份的味道、种子是柔和的味道、口子是窖藏的味道、迎驾是生态的味道、景芝是芝麻香的味道……你能想到的品牌都有一种独特的味道，味道体验越清晰的品牌其发展往往越好。

6.细节型故事

小细节也可以做大文章，有些品牌就是从一些小细节入手，讲述非常碎片化的品牌故事，但是能达到见微知著的效果。别人看到这个细节，就能感受到你的企业形象。

品牌的故事永远讲不完，但要记住，品牌故事并不是能够帮助你改变一切的捷径，再好的故事，讲多了也会索然无味，所以，要学会的是讲故事的方法，而不是故事本身！

被誉为故事大王的斯蒂芬·丹宁

在西方企业管理界，斯蒂芬·丹宁享有"故事大王"的美誉，他不仅善于讲故事，而且极力推崇领导者应通过讲故事的方法提高领导力。

斯蒂芬·丹宁，出生于澳大利亚悉尼，后在世界银行担任了各种管理职位，包括1990—1994年南非地区的总裁以及1994—1996年非洲地区的总裁。从1996年到2000年，丹宁任世界银行知识管理的项目总负责人，这期间他发起了知识分享项目。

2000年11月，他被评选为世界十大最受尊敬的知识型领导。从2000年起，他与美国、欧洲、亚洲和澳大利亚的公司合作，研究组织中的故事和知识管理。2003年4月，丹宁被评为世界最出色的200位管理大师之一。

斯蒂芬·丹宁认为，在适当的时间讲适当的故事，是在21世纪纷繁的世界中开展合作、开拓业务所必需的一种领导技能，也是人际交往、与家人和朋友融洽相处所需的一种重要技能。经过多年的研究和实践，他发现讲故事能够达到多种目的，包括激发行动、展示自我、传播价值观、鼓励协作、消除谣言、分享知识和规划未来等。针对的目的不同，故事的构思以及故事的讲法也应该不同，如果不知道这些不同之处，故事的效果就会大打折扣。

在担任世界银行知识管理项目部主任时，丹宁致力于把世界银行变成一个知识分享的组织，为此，他运用幻灯片、图表、书面报告等手段，试图让世界银行官员接受他的观念，但这一切努力都无济于事。后来，丹宁想到了讲故事的办法。

1995年6月，丹宁向世行官员讲了这样一个故事：赞比亚卡马那市的一位医生苦于找不到治疗疟疾的方案，最后登录美国亚特兰大疾病控制中心的网站，在很短的时间内获得了想要的全部信息。世界银行官员听完这个故事，很快就汇集起来讨论知识管理事务，并向行长提交了报告。1996年8月，世界银行行长在年度会议上宣布，要把世界银行变革成为一个知识分享的组织。

基于自己的亲身经历，丹宁极力推崇领导者通过讲故事来提高领导力，促进企业改革。在《松鼠公司》一书中，丹宁强调的一点就是，能够在正确的时间讲述正确的故事，将成为在21世纪应对挑战和获得成功的重要领导技能。

如今，丹宁的观点已被美国企业主管普遍接受。高级管理人员对MBA（工商管理硕士）的热情在减退，对学习如何讲述故事却兴趣盎然。

为使管理人员掌握绘声绘色地讲故事的技巧，IBM管理开发部专门邀请好莱坞有15年剧本写作和故事编辑经验的剧作家担任顾问，向管理人员介绍好莱坞的故事讲述经验：运用情节与角色来制造冲突。

耐克公司在多年前就设立了正式的"讲故事"计划：每个新员工要听一小时的公司故事。如今，听故事仍然是新员工受训的头等大事，因此耐克的教育主管通常被称为"首席故事官"。

越来越多的企业专门聘请专家，协助开发有利于企业发展的故事。这些企业故事通过讲述公司的历史，不仅增强了员工对公司的认同感，同时也告诉员工只要努力付出就会有回报。

惠普公司在创建50周年之际，聘请专家在公司上下收集了100多个企业故事，其中"惠利特与门"的故事流传最广。惠利特是惠普公司的创办人之一，一天他发现储藏室的门被锁了，于是惠利特把锁撬开，在门上留下了一张便条，上面写着"此门永远不再上锁"。这个故事告诉所有惠普人：惠普是重视诚信的企业。

在IBM最常听到的是这样一个故事：门卫露西的任务是检查人们在进入安全区时是否佩戴了身份标志，一天，董事长沃森违反了这条规定而被露西拦在安全区外，沃森的陪同人员表示不满，沃森却取来了应该佩戴的标志。这个故事的精彩之处不仅在于刻画了一个极具戏剧冲突的画面，更在于传播了一条重要信息：即使是董事长也必须遵守企业规章。

与趾高气扬地发号施令相比，讲故事的方式是最生动和最有说服力的。可口可乐的老总郭思达就风趣地提醒员工，人体每天需要64盎司液体，而可口可乐只提供了2盎司，言下之意就是可口可乐的市场潜力仍然很大。《领导引擎》的作者迪奇指出，领导实际上就是带领变革，将大家从现在带向所期望的未来。故事有角色、有情节、有人情味，是领导者描述未来、解释环境快速变化的好工具。一个能够涵盖重点事实的故事，其影响力往往会超过一叠厚厚的统计数据。

当然，企业领导讲故事是有讲究的。迪奇归纳出企业领导常用的三种故事类型：第一类故事是"我是谁"，即讲述自己感人的经历和成功的经验，用个人的故事来打动人心，调动员工的积极性；第二类故事是"我们是谁"，即在应对时代变迁的过程中激发团队的协作精神，促使全体员工心往一处想，劲往一处使；第三类故事是"我们向何处去"，即描述、解释企业在未来要做些什么以及企业要怎样走向未来，这类故事勾画现实和理想的差距，激发公司员工实现理想的热情。

斯蒂芬·丹宁认为，讲故事要遵循九个步骤：

（1）明确自己想要传递的信息，这是故事的中心思想。

（2）找个恰当的例子支撑你的观点。

（3）注意讲故事的角度，尽量使观众产生认同感。

（4）指出故事发生的时间和地点，增强故事的真实性。

（5）对故事进行适当加工，使之更好地表达中心思想。

（6）要使听众明白：违背故事中心思想的后果是可悲的。

（7）去掉与中心思想关系不大的烦琐细节。

（8）确保故事有个真实可信的结局。

（9）篇末点题，把故事的中心思想揭示出来。

乔布斯在斯坦福大学的一场演讲

生活中，当我们拿起手边的iPhone时，很可能就会想到一个名字——苹果教父乔布斯。史蒂夫·乔布斯出生于美国旧金山，是苹果公司的联合创办人。奥巴马曾说："乔布斯是美国最伟大的创新领袖之一，他的卓越天赋也让他成了能够改变世界的人。"经济参考网这样评论乔布斯:"乔布斯是改变世界的天才,他凭敏锐的触觉和过人的智慧,勇于变革,不断创新,引领全球资讯科技和电子产品的潮流,把电脑和电子产品不断变得简约化、平民化,让曾经昂贵稀罕的电子产品变为现代人生活的一部分。"

我们羡慕乔布斯的成功,更惊叹于他的智慧,然而,乔布斯值得我们学习的除了这些,还有他的口才,他是沟通大师,也是擅长俘获人心的演讲者。有人说,乔布斯是全世界企业家中最会讲故事的人。在过去的30年里,他已经把产品发布和展示发展成为一门艺术。在演讲中,一件事情经过他的描述往往变得清楚、明白,能唤起听众的热情和共鸣。他会用一种调侃的方式来吊听众的胃口,有人评价道:"乔布斯像驾驭一支交响乐队一样控制演讲的节奏,有起伏,有渐变,有高潮,最后为听众创造一个意料之外的结果。"

对此,我们不妨来看看乔布斯对美国斯坦福大学毕业生所进行的演讲:

今天,我只讲三个故事,不谈大道理,三个故事就好。

第一个故事,是关于人生中的点点滴滴如何串联在一起。

我曾就读于里德学院,不过我只在那儿待了半年,随后我休学了,在休学十八个月后,我选择了退学。我为什么休学呢?这得从我的出身讲起。

我的生母是个有着研究生学历的女人，因为未婚先孕，她决定在我生下来之后将我送养给别人，但她认为有一项条件收养人必须满足——他们起码要有大学学历。第一个来交涉的是一对律师夫妇，他们倒是满足这一条件，但是当他们知道我母亲生的并不是个女孩时，他们放弃了。

后来，还有一对候选人，也就是现在我的养父母。有一天，他们在半夜里接到电话，问他们："有一名意外出生的男孩，你们要认养他吗？"

他们回答"当然要"。后来我的生母发现，我的养父母并没有上过大学，所以，她不愿意在认养文件上签字，这件事拖了好几个星期，我的养父母对她保证，将来一定让我上大学，她才答应。

17岁那年，我上了大学。但年幼无知的我，完全没认识到钱的重要性，我压根儿不知道我选择的是一所学费几乎跟斯坦福一样贵的大学（听众笑），我的养父母都是最底层的工人，他们几乎将所有的积蓄都花在了送我读书上，然而，只有半年时间，我就认识到了上这个大学没有什么价值，而且让我父母为此受穷，所以我决定休学。在当时看来，这个决定非常可怕，但是就现在来说，或许那是我这辈子做过的最明智的决定。（听众笑）

离开学校后，我连住的地方都没有，只能睡在朋友家的地板上，也没有食物，只能靠着回收可乐空罐的五分钱买吃的，每个星期天晚上走七里路绕过大半个镇去印度教的神庙吃顿像样的饭。

生活虽然过得艰苦,但是我再也不需要去上自己不感兴趣的必修课了,时间自由了,就能听我有兴趣的课。当时里德学院有着全国最好的手书课。校园内的每一张海报上,每个抽屉的标签上,都是漂亮的手写字。我就跑去上手书课。我学了Serif 与 Sanserif 字体,学到在不同字母组合间变更字间距,学到活字印刷伟大的地方。手书的美丽、历史感与艺术感是科学所无法掌握的,我觉得这很迷人。

那个时候,我没有奢望这些东西能为我的生活带来什么实际作用,然而,十年后证明,一切都是值得的,当我在设计第一台麦金塔时,这些东西都设计了进去,这是第一台能印刷出漂亮字体的电脑。

如果当初我继续沉溺于其中一门课,麦金塔可能就不会有多重字体跟等比例间距字体了。又因为 Windows 抄袭了麦金塔(听众鼓掌大笑),因此……如果当年我没有休学去上那门手书课,现在大概所有人的电脑上都没有那样漂亮的字体。

当然,当我17岁的时候,我不可能像个预言家一样想到这些,并把这些都串联起来,但是十年后的今天,一切看起来都是值得的。

我再说一次,你无法预先把点点滴滴串联起来;只有过后，你才能把那些点点滴滴串在一起。

所以你得相信，眼前你经历的种种，将来或多或少会联结在一起。你得相信，直觉也好，命运也好，生命也好。

第二个故事，是有关爱与失。

我20岁时，跟斯蒂夫·沃兹尼亚克在我爸妈的车库里开始了苹果电脑的事业。我们拼命工作，利用十年时间，将公司的员工扩充到了超过四千人，公司市价涨至二十亿美元。然而，在我们刚推出最棒的作品——麦金塔电脑后一年，我被解雇了，那一年我刚好30岁。

我怎么会被自己创办的公司给解雇了？（听众笑）

嗯，当苹果电脑成功后，我聘任了一位才华出众的员工，在前几年，他能力出众，然而，对于苹果的未来，我们出现了分歧，董事会的人都站在他那边，无疑我被炒了。

之后几个月，我不知道要做些什么。我见了创办惠普的戴维·帕卡德和创办英特尔的鲍勃·诺伊斯，跟他们说很抱歉我把事情给搞砸了，就这样，在硅谷，我成了大家口中的反面教材，我甚至想离开那儿，但是后来我发现，我热爱这一事业，所以我决定一切从头开始。

现在看来，被苹果电脑开除，是我人生中最好的事。成功的沉重被从头来过的轻松所取代，我进入这辈子最有创意的年代。

第3章　讲故事比讲道理更有用

接下来五年，我开了一家叫作NeXT的公司，又开了一家叫作皮克斯的公司，也跟劳伦谈起了恋爱，后来她成了我老婆。皮克斯接着制作了世界上第一部全电脑动画电影——玩具总动员，现在是世界上最成功的动画制作公司（听众鼓掌大笑）。然后，苹果电脑买下了NeXT，我回到了苹果，我们在NeXT发展的技术给苹果电脑带来了复兴。

我也有了个美满的家庭。我很确定，如果当年苹果电脑没开除我，就不会发生这些事情。这副药很苦口，可是我想苹果电脑这个病人需要这副药。有时候，人生会用砖头打你的头。不要丧失信心。

第三个故事，是关于死亡。

当我17岁时，我读到一则格言：把每一天都当成生命中的最后一天来过，那么总有一天你会发现你是对的。（听众笑）

这对我影响深远，在过去33年里，我每天早上都会照镜子，自问："如果今天是此生最后一日，我今天要做些什么？"如果连续多天都觉得没事做，我就知道我必须有所改变了。

提醒自己要死了，这是我在面临重大人生决定时，所用过最重要的方法。因为几乎每件事：外界期望、名声、对困窘或失败的恐惧，在死亡面前，都消失了，只有最真实重要的东西才会留下。

提醒自己快死了，是我所知避免掉入畏惧陷阱里的最好方法。生不带来、死不带去，人没理由不顺从。

一年前，我被诊断出癌症。我在早上七点半做断层扫描，在胰脏处清楚地出现一个肿瘤，医生告诉我，几乎可以确定是一种不治之症，预计我大概只能活三到六个月了。医生建议我回家，好好跟亲人们聚一聚，这是医生对临终病人的标准建议。那意味着你得试着在几个月内把你将来十年想跟小孩讲的话讲完。意味着你得把每件事情搞定，家人才会轻松。意味着你得跟人间说再见了。

那天晚上做了一次切片，从喉咙伸入一个内视镜，穿过胃进入肠子，将探针伸进胰脏，取了一些肿瘤细胞出来。我打了麻药，不省人事。我老婆后来跟我说，当医生们用显微镜看过那些细胞后，他们都哭了，因为那是非常少见的一种可以用手术治好的胰脏癌。我接受了手术，康复了。（听众鼓掌）

经历此事后，我可以比先前死亡只是一种想象时更肯定地告诉你们：没有人想死，即使想上天堂的人，也想活着上天堂。（听众笑）

但死亡是我们共同的终点，没有人逃得过。我们的时间有限，不要浪费时间活在别人设计的生活里。不要被教条所局限，盲从教条就是活在别人的设计里。不要让世上的观念湮没了你内在的心声。最重要的，要拥有追随自己内心直觉的勇气，你的内心直觉多多少少已经知道你真正想要成为的是什么

样的人。（听众鼓掌）

我年轻时，有本神奇的杂志叫作《全球概览》（*Whole Earth Catalog*），当年可谓经典读物。出版了好多期后，很自然地，出了停刊号。停刊号的封底有张照片，清晨一条乡间小路，照片下有一行小字：若饥，若愚。我总是以此自勉，我也以此祝福你们。

这里，乔布斯通过三个故事揭示了他的人生轨迹和执着信念，这也是他取得不凡成就的密码。同样，作为领导者的你，如果能像乔布斯一样会讲故事，你就更可能取得成功。

PART 2

第二部分

提升故事力思维：把故事讲好

第4章 故事表达简洁、不烦琐

> 讲话是任何一个领导者实施领导和管理工作的一个重要手段，因此，让下属和员工深刻领会讲话内涵也是领导者说话需要达到的重要目的之一。可能一些领导者认为，越是运用高深的理论知识，越是晦涩难懂的语言，越能体现自己的知识水平和出众口才，越是能将自己与听者在知识层次上划分，而实际上，这无异于唱独角戏而得不到听众的响应，也失去了我们讲话的本意。而越是高明的领导，越是会通过简洁、深入浅出的故事来传达自己的本意，就越能达到讲话的目的。为此，领导者在平日里说话就要尽量简洁干练，用三言两语就表达出自己的观点，让听者领会你的讲话目的。

适当的主观让故事有可听性

我们都知道，作为领导者，做人说话都要客观，只有这样，才能在管理中做到公正公平，才能深得下属的信服，然而，讲故事却不尽然，客观的言辞固然能表达我们的观点，但我们只有在故事中融入情感，才能带动听者的情绪，接纳我们的意见。

的确，无论是讲故事，还是其他方式的讲话，我们都希望能调动听者的兴趣，但并不是只要我们愿意去谈，就一定能让听者感兴趣。举个简单的例子，现在你要向你的听众传达自己动手的理念，如果你平时也凡事自己动手，那么你可以从洗盘子的故事开始你的演讲。但假如你平时并不愿意自己动手，也从来没洗过自己的盘子，那你还能把这个故事讲好吗？倘若没有切身经历，一个企业主管怕是讲不好洗盘子的故事，但我们可以确定的是，作为一个家的主管——那些家庭主妇们却能把这个问题说得很精彩，她们每天有洗不完的盘子，她们总希望能找到新的方法来代替自己去做这个工作，她们也可能很恼火为什么自己要洗盘子，但无论怎样，她们对这一题材绝对更有发言权，也更来劲，所以，她们可以就洗盘子的题目说得头头是道。

所以，我们可以说，讲故事时主观一点，更能打动听者。具体来说，我们可以做到以下几点。

1.选择一个让你充满热情的故事主题

现在，你可能会问，怎样的题目才是合适的题目？这里，有个最为简单的方法，你可以问问自己，在讲话的时候，如果有人站出来反对你的观点，你是否有勇气反驳或者说有百分之百的信心为自己辩护，如果你有，那么，这一题目就绝对是合适的。

1926年的时候，卡耐基到瑞士的日内瓦参加国际联盟第七次会议，对于当时的情况，卡耐基后来做了笔记。多年之后，卡耐基再次拿出这些笔记，他在自己的笔记中看到了这样一段文字："我听完了三四个死气沉沉的演讲者的报告，他们简直就是在读手稿，接下来，加拿大的乔治·佛斯特爵士上台了，我看到他没有拿任何的纸张、文件，顿时感到眼前一亮，实在很值得赞扬。在他要集中注意力演讲的问题上，他会带有一些手势，以此来强调他的观点。他也很热情，他希望听众能了解他内心珍藏已久的观点。这种渴望很真实，就好比窗外日内瓦湖那般澄明。在演讲培训课上，我一直强调要运用的那些重要的法则，在他的演讲里，我全部都看到了，而且展露无遗。"

卡耐基说，自己经常会想起乔治爵士的演讲。在他的演讲中，他表现得真诚、热心，而一个人，只有对自己的题目充满热情，才能有如此真实的表现。

2.投入你所讲的故事中

福胜·辛主教，是一位很有权威的演讲家。

在他的《不虚此生》一书里有这样的片段：

我被选出参加学院里的辩论队。就在圣母玛丽亚辩论赛的头一天晚上，我被我们的辩论教授叫到了他的办公室内，然后我就被训斥了一顿。

"你就是个名副其实的饭桶！自从我们学院创办以来，还没见过你这么糟糕的演讲者！"

"那，"我说，我想为自己辩护，"我既是这样的饭桶，为什么还要我进入辩论队？"

"因为你有思想，而不是因为你会演讲，去，到那边去，把演讲稿中的一段抽出来，然后再讲一遍。"于是，我按照教授的话，把一段话反反复复地讲了一个钟头，然后他问我："看出其中的错误了吧？""没有。"于是，接下来，又是一个半钟头，最后，我实在没力气了，教授问："还看不出错在哪里吗？"

过了这两个半钟头，我找到了问题的关键。我说："现在我知道了，我的演讲没有诚意，我只是纯粹地背诵演讲词，我心不在焉，没有表达自己的情感。"

经过这一件事，福胜·辛主教学得了永生难忘的一课：要让自己沉浸在演讲中。因此，他开始让自己对题材热心起来。直到这时，博学的教授才说："现在，你可以讲了！"

3.多说说你自己的事

在卡耐基的训练班上，有学员称自己做什么都没劲，生活简单乏味，似乎没有什么话题可跟别人聊，该怎么办呢？

此时，训练班的教师便问大家，在业余时间都有什么爱好，有人说自己喜欢打保龄球，有人则说喜欢看电影，也有人说自己喜欢种玫瑰。提问的那位学员的爱好有些特别——收集火柴盒，当老师问起他这个特别的爱好时，他逐渐有了说话的精神，并且，他还手舞足蹈描述起自己收集火柴盒的小房间来，他说，几乎全世界的火柴盒他都有收藏。

等他的话匣子被打开后，老师反过来问他："既然如此，为什么不跟大家聊聊这个话题呢？我觉得很有趣。"他惊讶极了，表示怎么还有人对这个话题感兴趣！原来，这名学员耗费了半生的心血、孜孜不倦地收集火柴盒，甚至几乎达到了狂热的地步，他自身却否定了它的价值，认为别人不一定喜欢这一话题。

那天晚上，他俨然一副收藏家的态度去谈论火柴盒。再后来，卡耐基听说他还去参加了各种俱乐部，经常演讲有关收集火柴盒的话题，因此被很多人士推崇。

的确，我们生活中的每个人都有一些不平凡的经验，这是不需要我们煞费苦心地搜寻的，而我们自身的行为也受到这些经验的引导，我们将这些事件重新串联和组织起来，就能借此来影响别人，对于我们任何人来说，这一点都不难做到。一般情况下，人们对字句的反应和对真实事件的反应是不会存在太大差异的，为此，我们在讲述具体事实的时候，一定要把其中自己曾有经验的部分进行再造，巧妙引导听众产生与自己相同或者相近的反应或者感受，让你的经验变得更戏剧化，就能让它听起来更有意思，也会更有力量。

总之，作为领导者要明白讲故事和一般的讲话之间的区别，讲故事不妨主观一点，讲一些与自己相关的故事，饱含感情地讲话，这些都能让你的讲话更动人。

讲故事要言简意赅

古人云："山不在高，有仙则名；水不在深，有龙则灵。"说话也是如此，话不在多，点到为止就行。在现代如此快速的生活节奏下，没有人愿意花费太多的时间来听你的长篇大论。所以，领导讲故事时，也切忌绕圈子，故事语言也一定要字字珠玑、言简意赅，这样才能更准确传达你的意图，使工作快速有效地进行下去。

1863年11月19日，美国葛底斯堡公墓举行落成典礼，美国总统林肯也应邀到会做演讲。这对于林肯来说，有很大的难度，因为这次仪式上的主要演讲者是美国前国务卿埃弗雷特，而林肯只是因为总统的身份，才被邀请在埃弗雷特之后讲几句形式上的话。林肯非常明白埃弗雷特的演讲水平，他被公认是美国最有演说能力的人，尤其擅长在纪念仪式上进行演讲。而林肯在他之后讲话，无疑有点"班门弄斧"之嫌，如果讲得不好，更会使自己总统的颜面丧失。

典礼上，埃弗雷特那长达两个小时的演讲，确实非常精彩。结果轮到林肯总统讲话了，出人意料的是，他的演讲只有十句话，从他上台到下台不过两分钟的时间，但是掌声整整持续了十分钟。林肯的演讲不仅赢得了当时在场的一万多名听众的热烈掌声，而且在全国引起了轰动。当时有报纸评论说："这篇短小精悍的演说简直就是无价之宝，感情深厚，思想集中，措辞精练，字字句句都很朴实、优雅，行文毫无瑕疵，完全出乎人们的意料。"就连埃弗雷特本人第二天也写信给林肯："我用了两个小时总算接触到了你所阐明的那个中心思想，而你只用了十句话就说得明明白白。"林肯这次出色的演讲的手稿被收藏到了图书馆，演讲词被铸成金文，存入了牛津大学，作为英语演讲的最高典范。

林肯在这次演讲中靠什么取胜？那就是简洁，他那简短有力的演讲比长达两个小时的精彩演讲更深入人心。

其实不只是演讲，领导者讲故事也是如此，有些短小精悍的故事比那些长篇大论更容易为人们所接受。所谓"浓缩就是精华"，因为简洁，所以它所阐明的思想会更有深度；因为简洁，它所表达的意思更加清晰；因为简洁，它所彰显的内容会更有力度。

然而，我们发现，大多数领导说话泛泛而谈，他在台上讲得滔滔不绝、口若悬河，下面的听众却面面相觑、不知所云，这就是由于他的话没有说到点子上。领导讲话要做到一针见血、言简意赅，这样才能让听众们明白你到底说的是什么。

作为领导者，要想自己的讲话获得较好的效果，不妨讲些精练的故事，除此之外，整个讲话的语言也要简洁，这样才能使下属在较短的时间里获取更多有用的信息。反之，如果你只是空话连篇，言之无物，那么无疑是浪费时间。在很多时候，有的领导哪怕只讲了一句话，也能获得满堂的掌声，而有的领导讲了整整一个小时，却只获得稀稀拉拉的掌声，这就是语言是否简洁带来的不同效果。

吴先生是广州地区有名的房地产大亨，资产逾十亿元。有一年他带着自己的团队从广州飞往某大城市，准备投资当地的房地产。

他在当地到处寻找合作伙伴，经过一段时间的筛选后，吴先生约了一大型房地产的负责人进行谈判。当双方在谈判桌前坐下，那位负责人立即较为详细地介绍了自己公司，表现得精明能干，并且通晓市场行情，这令吴先生颇为欣赏。后来，那位负责人讲了该公司董事长发家致富的故事，并对该董事长吃苦耐劳的精神表达了钦佩之情，吴先生也表示赞同，他似乎已经看到了合资企业的光辉前景。吴先生正准备签约的时候，那位负责人似乎还言犹未尽，他又颇为自豪地侃侃而谈："我们房地产公司拥有一千多名职工，去年共创利税五百多万元，实力绝对算是雄厚的……"

听到这里,吴先生心里有点不悦,心想:你公司一千多人才赚了几百万,就显得那么自豪和满意。这令吴先生感到非常失望,离自己预定的利润目标差距太大了。如果选择这样的负责人经营公司的话,就很难有较高的经济效益和利益。于是,吴先生当即决定终止合作谈判。

其实,如果那位负责人在故事结尾不说那句沾沾自喜的话,这次谈判也许就会出现另一种结局。负责人最后几句不着边际、画蛇添足的话,不仅使自身的缺点暴露无遗,而且令吴先生失去了合作的信心,最终撤回投资意向。因为多余的几句话就失掉了一次大好的合作机会,实在是得不偿失。

那么,领导者在讲故事时,该遵循怎样的原则呢?

1.简洁的话更显力度

讲故事是为了传达意见,而不只是讲故事,所以,故事应该语言简练,太过烦琐的语言会让你所表达的意思不够准确,也会占用下属更多的时间,结果是你既没有讲明白你的意思,下面的人也有苦说不出,只能强忍着听下去。简洁的几句话显得更有力度,也更容易被听众所接受。

2.把话说到点子上

相传,墨子的学生曾经问墨子:"话是说得多好,还是说得少好?"墨子说:"你看田里的青蛙,整天叫个不停,却没有人理会它，而公鸡每天只在天快要亮的时候，才叫一两下，人们都很注意它。可见，话不在说得多而在说得有用。"

在日常工作中我们经常可以看到，有的领导总是喋喋不休、滔滔不绝地高谈阔论，但是又因为没有把话说到点子上，所以显得词不达意、语无伦次，让旁边的人听而生厌；而有的领导喜欢夸大其词，侃侃而谈，说什么话都不会仔细考虑，显得很没有分寸，这些情况都需要我们避免。领导者讲故事也是这个道理，你的故事不在于语言的多少，而在于是否说到了点子上。

给听众制造几个疑问或请求

我们已经知道，相对于条条框框的讲话风格来说，讲故事这一形式更易于让听者接受，每一个领导者都要提升这一能力。然而，我们讲话的根本不是为了讲故事，而是为了让听者接纳我们的意见，按照我们的诉求去行动。

现在，我们来假设，你所讲的故事已经花费了你四分之三的时间，假如我们讲话的全部时间只有两分钟，那么，接下来，你只有30秒的时间来道出听众如果采纳你的建议去行动的好处了。此时，再叙述故事细节已没有什么必要了，是时候一针见血地声明了。这一点，与报纸编辑的工作正好相反，你不是先把标题亮出来,而是先讲故事,然后根据你自己的讲话目的要求听众做某种行动,关于这一点,你需要明确以下四条法则。

1.重点简明扼要

人们都只会去做自己清楚的事,所以你要简明扼要地告诉听众,你希望他们去做什么。所以,你也要先问自己,现在听者已经做好各种准备去行动了,那么,你是不是确实清楚地告诉他们该做什么了。确定你讲话的重点,应该精简文字,就像打电报一样,绝不啰唆,还要清楚、明白。

不要说:"请帮助我们孤儿院那些生病的儿童吧。"这样说太笼统了。应该这样说:"今晚就报名,下周日齐聚在此,带领25名孤儿去野餐。"最重要的一点是,你的请求必须是让听众一听就能明白的实际行动,而不是猜来猜去的心理活动。举个例子:"经常想想你的祖父母吧!"这样说太含糊了,听众也不知如何去行动,而如果你这样说:"本周末就去看望祖父母吧!"再如,与其说"要爱国",不如说"下星期二就请投下你神圣的一票"。

2.重点简单易行

无论你想要申明的问题是什么,作为领导者,你都应该把自己的重点和行动的请求讲得让听者易于理解和接受。所以,最好的方法就是明确,比如,你希望听者增长记忆人名的能力，千万别说："从现在便开始增加你对人名的记忆次数。"这样说未免太笼统了，也让听众不明就里。为此，你不如说："从你遇到的下一个陌生人开始，在5分钟之内就重复他的姓名5次。"

相对于那些概略的言辞，明确的行动指示更能引导听众做出行动。比如，如果你想听者去安慰一位生病住院的人士，与其发动大家去寄慰问卡，还不如说"在祝康复的卡片上签名"来得更直接。

你可能会问，到底是肯定的方式叙述好还是否定的方式好？二者之间并没有明确的好坏之分，主要取决于你要陈述的观点。比如，如果你提醒听者应该避免某东西，以否定的方式说明就比肯定陈述更有说服力。在几年前，一句"不要做个摘灯泡的人"的广告词就取得了很好的效果。

3.满怀信心地陈述重点

无论是讲故事，还是其他方式的讲话，你都需要明确说话的重点，对此我们应该十分有信心而且有力度地讲出来。就好像一篇文章的标题的字母都会很突出一样，你对听者提出的行动请求也应该直接强调出来，要让听众对你的请求产生难以忘记的印象，不要带着不确定或者无信心的态度来提出你的请求。

4.说出原因以及听众的利益所在

讲话进行到这一阶段已经接近尾声，在没剩多少时间的情况下，你需要简短地表达。此时，你要提出自己讲话的动机，或者明确地告诉听者，如果听者都按照你的建议去做的话，会得到什么好处。

当然，此处你需要注意两点：

第一，确保缘由与所讲故事相关。

你可以在故事结束后，用一两句话把这样行动的好处讲出来，不过，重要的一点是，你此处要强调的好处应该是由你之前的事例自然而然地引发的。假如你的目的是劝听众购买二手车，那么，如果你在故事中提到了购买二手车省钱的经验，那一定不能离题去告诉听众二手车的样式比新车还好。

第二，必须要强调一个缘由——而且一个就足够了。

细心的你，如果对推销员的语言有所留意的话，你会发现，对于购买某种产品的理由，他们能提炼出很多来，并且每一点都能支持他的论点。但在讲话中，你最好还是选择一个最突出的理由。你在讲话结束前的几句话内，要将这一理由明确说出来。仔细研究那些流行全国的广告词，你就会发现这些广告词都充满智慧，对你提炼演讲中的"重点和缘由"会很有帮助。没有哪一个广告试图在一段广告词内推销两种或更多的产品，同样，也没有一个广告使用一个以上的理由来告诉你为什么要购买。同一家公司可能会更换做广告的方式，比如可能从电视改成报纸，但是同一家公司不会在同一广告里提出多个不同的请求。

假如你去研究那些电视和报纸上的广告，并分析它的内容，你一定会惊讶地发现，在劝诱人们购买产品上，"魔法公式"真的是随处可见，从这里，你就能发现，在广告中，唯一需要我们自始至终贯穿的就是要切题。

紧紧围绕主题来讲故事

在日常工作中，许多领导讲话有一个明显的弊病，就是非常啰唆，他们把一些极为简单的问题复杂化。本来可以三言两语就说清楚的问题，非要重复无数遍，结果越说越离谱，自己也搞不懂自己在说什么。人们通常会从一个人的说话看这个人的做事风格，说话干脆、不拖泥带水的领导者，大多就是自信心很强、办事果敢的人；而那些长篇大论、废话连篇的领导者，则通常思维比较迟钝，做事也显得犹豫不决、优柔寡断，这无疑就是平庸无能的人。

的确，不少领导者已经认识到讲故事对提升讲话能力的重要性，然而，一些领导者为了讲故事而讲故事，在讲故事的过程中，故事越讲越远，最终忘记了讲话本来的目的。

美国参议院的一次会议上，在座的议员们正坐立不安、尴尬无比，因为正在发言的高官说话毫无重点、表达不清。他滔滔不绝地说个不停，听众却没搞明白他想说什么。最后，一位来自北卡罗来纳州的参议员小撒姆尔·詹姆士·厄文终于找到了说话的机会，在短短的几句话中，就言简意赅地将观点表达清楚了。

詹姆士说这位演说的官员令他想起了在他家乡的一个男人，这个男人告诉他的律师，他要和他的妻子离婚，不过他承认，他的妻子很漂亮，也是个好厨师和模范母亲，接下来，是这个男人和律师的对话。

"那你为何还要离婚。"他的律师问。

"因为她一直在说，说个不停。"男人答。

"那她都说些什么呢？"律师问。

"问题就是在这里，她一直说，但从来没说清楚过。"男人说。

其实，在现实生活中，不少领导者在这方面让听众很讨厌，虽然他们一直不停地在表达观点，但从来未能将自己想表达的意思表达清楚。

威廉·詹姆斯曾对卡耐基训练班中的教师进行了一次演讲，在这次演讲中，他表示，一个人在一场演说中只能针对一个要点进行说明。他这里所说的演讲是指那种时间被划定在一个小时内的演讲。卡耐基曾听过一场时间只有三分钟的演讲，而演说者开始时就说自己要谈论的要点有十一个，我们粗略地

第 4 章 故事表达简洁、不烦琐

估算一下，也就是每个要点只能用十六秒半的时间来谈，有这样"聪明"的人吗？当然，这个例子比较极端，但是也可以让大家引以为戒。这就好比一个导游要带领游客在一天之内将巴黎的景点全部走一遍，这不是办不到，但游客怕是根本不知道自己到底看到了什么，只是像一只敏捷的山羊一样，从一个点迅速跳到另一个点。

如果你要陈述的部分真的很多，那么，最好的办法是在演讲结束的时候再做一个简单的概括。

卡耐基在拜访一家公司的时候，曾经听说过一位"他现在在哪里·钟斯"的总经理的故事。"他现在在哪里"是这位总经理的绰号，而他在担任公司总经理职务不久后就被换掉了，因为他虽然是总经理，但却总不肯花心思去研究公司的业务和运转情况，他经常这里窜一下，那里窜一下，一天到晚跑来跑去。比如，在他看来，研究一场买卖远没有去速记员那里拿张纸重要，所以，他几乎很少在办公室，也就有了"他现在在哪里"的绰号。

"他现在在哪里·钟斯"这个人其实与生活中的不少演讲者很相似，这些演讲者之所以不成功，就是因为他们和钟斯先生一样，总是想去包揽更多的事。假如你也曾听过他们的演讲，估计你也会听着听着有"他现在在哪里"的想法。

在我们的现实生活中，一些有丰富讲话经历的领导者也会犯类似的错误，可能他们有多方面的才华，以至于他们根本看不到精力分散的危险，但我们不能像他们一样，我们应该在讲故事的时候紧扣主题，让听众知道你所讲故事要表达的意图是什么。

适当留白，更有想象性

沈嘉禄曾经说："不经意的修饰如果点到为止，常常有出奇制胜的收获；刻意的追求一旦过度则难免弄巧成拙。"在日常工作中，领导者在讲话的过程中，无论是讲故事还是故事之后，都不需要长篇大论地阐述问题，只需要点到为止即可，这样才能让听者感觉醍醐灌顶。

通常情况下，我们都认为，只有把话说得详尽，才能把问题说清楚，但作为领导者，在讲话的过程中，应该给对方留一定的思考空间，针对问题说几个关键处，其余的部分应留给对方自己去想。如此，既可以展现出领导者的高明之处，又可以令对方恍然大悟。

最近，部门里的员工老是追着询问张经理关于人事调动的问题，这不，小王又去办公室了，向张经理问道："这次人事变动到底会怎么样呢？"

张经理回答说："小时候，我曾经去拜访过一个农夫，我问这个农夫：'你的母牛是不是纯种的？'他说不知道，我又问：'这头牛每个星期可以挤出多少牛奶呢？'他也说不知道。最后，他被问烦了，就说：'你问我的我都不知道，反正这头牛很老实，只要有奶，它都会给你。'"说着，张经理笑了，对小王说："我也像那头牛一样老实。"小王摸摸自己的额头，明白了，原来经理是想告诉自己，有什么新的变动，他会主动告诉自己的，那么，就别再追问下去了。

面对下属的提问，张经理没有正面回答，而是讲了一个故事，就将问题丢给了下属。原来，他想告诉下属：你们没事就别紧追着我问，反正我有消息一定会告诉你们的嘛！如此点到为止，既得体地表达出自己被下属紧紧追问的反感，又照顾到了下属的面子，为上下级沟通营造了良好的氛围。的确，领导对下属，就好似老师对学生，你所能教给他的是思考问题的方法，而不是直接告诉其答案。更何况，下属有自己的思维能力以及智慧，在某些问题上，他们有可能只是暂时陷入了死胡同，这时候，他们所需要的不过是领导的指点一二，而绝不是现成的答案。

针对下属的心理需求，领导者可以通过讲故事的方法，点到为止，说话留三分，让下属自己去想明白，这会让他感受到一种醍醐灌顶的畅快，他对你作为领导者应有的智慧及能力绝对是敬佩的。因此，在回答下属问题的时候，千万不要想到哪里就说到哪里，更不能信口开河，一开口就像是打开了话匣子，没完没了。明明是三两句就能说明白的问题，却固执地要说上一个小时，这样只会让下属觉得厌烦，他也会质疑你作为领导的能力以及口才。

张大千是我国当代著名的画家，他的讲话风格非常诙谐幽默。

有一次，他和几个朋友在一块饮酒聊天，席间有几个人在谈论胡子的问题，口气中带有着讥讽和嘲弄。在座的人，只有张大千有着又密又长的胡子，因此，他听了就感到十分不舒服。不过张大千的脸上并没有表现出丝毫的气愤之色，而是默默地听着。等别人讲完了，他就清了清嗓子，讲了一个和胡子有关的笑话：

三国时期，关羽的儿子关兴和张飞的儿子张苞随刘备率师讨伐吴国。关兴和张苞二人为父报仇心切，都争着做先锋，这让刘备感到十分为难。最后只好说："你们两个的武艺是不相上下的，那么就比一比各自的父亲生前的功绩吧，谁父亲的功劳最大就让谁当先锋。"

张苞一听，不假思索地张口说道："我父亲当年三战吕布，喝断灞桥，吓退曹军，夜战马超，鞭打督邮，义释严颜，为蜀汉江山立下了汗马功劳。"

轮到关兴说了，但是他天生笨嘴拙舌，加上心情紧张，半天才说了一句："我父五绺长髯……"接着就没下文了。这时候，关羽显圣，立在云端上，听见了儿子的这一段话，顿时气得暴跳如雷，大声地骂道："你这个不孝之子，老子生前诛颜良、杀文丑，过五关斩六将的事你不说，却偏偏在老子的胡子上做文章！"

张大千的故事还没讲完，在座的人都已经捧腹大笑，接下来再也不好意思拿胡子开玩笑了。

张大千面对别人的捉弄和嘲笑，不愠不火，用一个幽默的故事对他们进行了反驳和规劝，起到了良好的效果。如果在当时，他勃然作色，讲一些"自由平等、尊严神圣不可侵犯"之类的大道理，那么欢快的场面也会变得十分紧张和尴尬。

俗话说："言不在多，达意则灵。"领导者讲话，是越简短越高明。在电视中，我们经常看见寺庙里的高僧只不过说了几个字，但听者却一直说"真让我有种醍醐灌顶的感觉"。而醍醐灌顶就是指听了高明的意见，使人深受启发。

那么，领导者该怎样做到点到为止呢？

1.凡事点到为止，才是高明之说

说得越多，自己的信息就暴露得越多，领导者在讲话时，在故事结束后，只需点到为止，不宜太全面，过于全面反而显得自己并不高明。同时，你说得越多，解释得越清楚，反而会给听者一种找不着北的感觉，又或者，万一你说错了怎么办。所以，凡事点到为止，这才是高明之说。

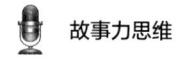

2.寥寥数语,点破即可

对某些问题,听者可能难以明白,不过即便如此,你也不必事无巨细,什么事情都说得明明白白。你把什么都说破了,那听者还用思考吗?所以,面对下属提出的问题,只需寥寥数语,点破就可以了。

所以,作为领导者应该深知一个道理,对于很普通的问题,即便是讲故事也要三言两语就点破,其余的留给听者自己去想,这样,才能彰显出你作为领导者的风采与魅力。

第5章　故事要讲得立体生动

> 我们都知道，语言是表达思想感情的有效形式，任何故事都由语言组成。一个有着出色口才的领导者，便是深得这种艺术精髓的人，他不会勉强别人压制别人，或绑架别人的思维，而是巧妙地将别人的思想与自己的言论相接轨，准确、贴切、生动地表达和沟通，让别人对他充满欣赏之情。然而，要讲好故事，需要领导者具备优秀的语言表达能力，而这一点，是需要领导者在日常生活中就加以训练的。这样，才能在讲故事时言之有物，打动听众！

勤练习，让口齿清晰伶俐

生活中，无论哪个行业的领导者，都一定希望自己有三寸不烂之舌，尤其是在讲故事的过程中，更希望自己口齿伶俐、娓娓动听，然而，不得不说，现实的生活里，常常有一些领导因为口齿不清而在公共场合闹笑话。

珍妮今年才27岁，已经是一名优秀的企业培训导师了。她的工作就是坐飞机到全国各地的大小企业进行员工培训，有学生曾经问她："珍妮老师，你的口才是怎样来的呢？感觉你的语言很有感染力。"

珍妮回答："任何有口才的人都不是天生就善于说话的，我记得在我上高中的时候，还是个上演讲台就语无伦次的人，即使是课堂发言，我也会战战兢兢。上大学的时候需要考普通话等级，那个时候我才意识到说话的重要性，可是我的语言能力太差了，我尝试着一个人去后山读一些故事书，虽然是刻意地训练，但是好像没什么效果。再后来，我在网上看到一个训练口才的方法——活舌操，便尝试着按照活舌操的几个步骤练习，在两个月以后，我发现自己好像说话舌头不打架了，口齿伶俐了，自然也就自信了很多。现在，我也经常做活舌操，我觉得人的嘴就像一台机器，如果长期不用是会生锈的，活舌操大概就是能推动机器运转的动力吧。"

从珍妮的故事中，我们看到了活舌操对她的口才训练起到的作用。的确，对于珍妮这样靠嘴吃饭的人，如果没有好的口才，是无法得到好的职业发展的。很多领导者都发出感叹，怎样才能让自己变得善于说话呢？其实，活舌操就是一个练就口才的方法。

那么我们就来一起学习一下下面的七节活舌操，每天早中晚至少练三次，每节操练8到32次，保你舌头健康、语言流畅，提高沟通效果。活舌操共分七节，其主要要领是：

第一节：嘴微开，舌尖抵上齿背沿上腭向后勾。

第二节：舌尖抵下齿背，舌面拱起沿上齿往外突，同时，用上齿轻叩舌面。

第三节：双唇紧闭，舌尖顶左腮右腮，左右开弓，由慢到快。

第四节：舌头沿上下齿外围转圈，顺时针转几圈，再逆时针转几圈。

第五节：将舌头伸出嘴外，舌尖向上卷，目标是够鼻尖。

第六节：嘴张开，让出空间使舌头做伸缩运动，做弹舌状。

第七节：嘴半张，伸出舌头做水平横向运动，使两边舌缘分别触到两边嘴角。

当然，活舌操的练习要求严肃认真、一丝不苟，常练活舌操，不但能训练口才，还能使人口气清新，说话时表情生动，增强语言的感染力。

不同声音给听者不同的感受

希腊哲学家苏格拉底说："请开口说话，我才能看清你。"人的声音是个性的表达，声音来自人体内部，是一种内在的剖白。领导者讲故事也是如此，讲话时，你的声音可能会透露出畏惧、犹豫和缺乏自信，也可能透露出喜悦、果断和热情。我们说话的声音，和音乐一样，只有渗进人们心中，才能达到让听众信服的目的。

事实上，领导在讲故事时说的每一句话，既向听众传递着信息，又体现着个人心态情绪。要想达到我们的演讲目的，不仅要在语言的组织形式上下一番功夫，更需要在声音上进行必要的优化。很多时候，一个精辟的见解，通过严密的思维和美妙的辞藻表达出来，却并没有达到理想中的效果。造成这种现象的原因，就是我们在说话的时候音质存在缺陷。如果音质存在缺陷，我们的口才就会大打折扣，这就意味着我们应该对自己的声音做一下必要的"美容"。

然而，我们发现，不少领导者在与人交流、说话乃至公共场合讲话的过程中，并未意识到自己的声音有问题，反而自我感觉良好，或者认为人的声音是天生的。实则不然，任何一种说话习惯都是逐渐养成的，只要我们愿意主动纠正不良的说话习惯，就会取得一定效果。

三年前，李娜还是咨询公司的市场推广员，而现在，她已经升到了培训经理的职位。在销售行业的成功，得益于她出色的口才。公司的同事都说她的声音很好听，那么婉转、动听，让人听着很享受。

一次，她被派到日本的分公司开展培训工作。报到的第一天，日本公司的代表们就邀请她演讲。当时，不会日语的她直接用汉语演讲。日本同事虽然都听不懂汉语，不了解她演讲的内容,但却觉得她的演讲听起来令人非常愉快。

李娜接着演讲,语调渐渐转为低沉,最后在慷慨激昂、悲伤万分时戛然而止。台下的观众鸦雀无声,同她一起沉浸在悲伤之中。而这时,台下传来一个男人的笑声,他是陪同李娜来日本的助理,因为李娜刚刚用汉语背诵的是一首中国的古诗,并没有演讲什么销售经验。

从案例中我们发现,一个人仅凭声音便可以感染他人,甚至可以完全控制对方的情绪。领导者在讲故事的过程中,注重对声音的把控就可以更有感染力,也就能使管理能力百尺竿头更进一步。为了达到理想中的声音效果,我们不妨从以下几个方面入手。

1.选择适合的音调

一般情况下,不急不缓的语速,中等的音量更能给人一种亲切自然和自信的感觉;过高的分贝、过快的语速就会显得说话的人性格过于急躁,心无城府,过于幼稚和偏执,会让人产生厌恶的情绪;说话的声音过低,语速缓慢,这样说话的人很可能没有自信,优柔寡断,看待事情比较悲观,处理事情畏首畏尾,放不开手脚,容易让人产生审美疲劳。一个人的语调反映出了一个人的内心世界、情感和态度。

同时,在谈论一个话题的时候,要保持说话的语调与内容相符合。比如在讲述故事的时候可以选择娓娓道来的形式,表达决心的时候可以气运丹田让声音显得浑厚而又响亮。

另外，要做到音调合适，还需注意以下细节：

说话干脆利落，不拖泥带水；

劝说他人的时候要诚恳委婉，不能用命令的口吻；

传递信息的时候要准确完善，不能遗漏和误传；

发起倡议的时候适当提高分贝，使语言增加力度。

2.选择适合自己的音色

世界上每个人都有着和别人不同的面孔，每个人的音色也不尽相同。音色既然属于声音"颜色"的范畴，就需要美化和加工。无论嘹亮还是低沉，是单薄或浑厚，都要选择让自己和他人都满意的音色。当和朋友谈话的时候，切忌声音大起大落，以免别人的心理无法承受这急剧的变化，从而产生对你的厌恶之情。你可以选择故意降低或提高声调，但是应该在一个别人易于接受的范围内。

说话的关键是发音，哪怕谈论的内容是长篇大论，也都是由一个个词语衔接而成的，将这一个个元素贯穿为一个整体又在整体中产生变化的，就是适当的重音和语调。这些就像一篇文章中的修辞和开头，对表达起着十分重要的作用。

3.把握说话的音量

分贝过高的声音，物理学上称之为噪声，强调它会对人的心灵产生污染。在生活中，一个人的说话声音过大，就会让人产生反感，被认为是装腔作势或者是色厉内荏。但是太小的声音人们也未必喜欢，听起来过于费劲，又让人可怜，觉得你是一个怯弱的人。由于听者所处的远近不同，谈话者所处的环境各异，因此要注意找到与不同场合相适应的音量，以让人听得清楚而又不产生厌烦心情为原则。

4.做到声情并茂

古人说生于情发于声，就是强调说话时要注意情感的因素，声音只是传递的工具，它的源头却是人内心的情感。声音、语调、词汇等元素都是为情感服务的。如果声音失去了情感的内涵，就会变得空洞僵硬，犹如失去了水源的枯木，毫无生气可言。因此在说话的时候，要注意用情感去感染和打动听众，只有充满感情的文章才是好文章，也只有充满感情的谈话才是成功的谈话。

总之，声音对领导者讲故事的效果有着重要的作用，不同的声音，将使对方产生不同的感觉。一句话起什么作用，产生什么效果，给听众什么感受，也取决于领导者的声音。

故事语言精练，有细节有重点

在生活中，你仔细观察就会发现，有的人说话言简意赅，句句说到点子上，能击中问题的要害，很快就会营造出强大的气场，控制别人的思想；而有的人尽管表达了很多，但是让人听得云里雾里，不断地打擦边球，根本没有涉及核心问题，因此得不到人们的重视。事实上，不是他们的态度有差异，而是因为他们的表达能力不一样。会表达的人往往能做到语言凝练、字字珠玑、绝不啰唆重复。

事实上，讲故事也是如此，领导者讲故事的目的，就是要吸引、说服、鼓动、感召听者，只有能引起听者共鸣的故事，才能支撑起成功的讲话，这一点，也是我们最关注的问题。任何一个具备好口才的领导者，在平时讲话中，都很注重自己语言的修炼，尽量在讲话中做到语言凝练，字字珠玑，以给听众传达最实用的信息。相反，如果为了能让听者接收到更多的信息而不顾听者的感受，一味地表达自己的观点，那么，结果只能是事与愿违，让听者产生不耐烦的情绪。

那么，我们该如何凝练故事语言呢？

1.了解你要表达的中心、重点

任何问题都有中心和重点，找到了中心和重点，说话时才能有的放矢，才能把握好什么话该说，什么话不该说。所以，迅速找准谈论的中心是言简意赅的前提和基础。否则，眉毛胡子一把抓，只能惹人厌烦。

2.懂得表达，语言表达清晰、稳重、不啰唆

语言表达的轻重缓急也是很有讲究的，想让对方听清的地

方就要缓一些，不重要的信息就可以一句带过。如果张口结舌或连珠炮似的大讲一通，对方就会感到一种急迫感，从而心生不信任。

要想使说话不啰唆，其实只需拣重点说就行，次要的内容，要么不提，要么一言以蔽之，只有这样才能保证你的演讲在最短的时间内收到最好的效果，否则，即使你滔滔不绝地谈论半天，到头来听者还是不知你发言的目的。

3.尽量避免口头禅

现实生活中，几乎每个人都不可避免地会有自己的口头禅。这些我们自己没注意到的习惯，在日常交际中并不会对我们造成多少危害，但需要参加演说的人，如果把这些语言习惯带到演讲中，则会给听众传达一些负面信息，比如：

（1）"听说、据说、听人说"。

这一口头语会让听众觉得你的演说真实度不够，试想，谁会真正相信那些道听途说的语言呢？

（2）"说真的，老实说，的确，不骗你"。

演讲中，如果有此类口头语，会让听众觉得你说话急躁。

（3）"啊、呀、这个、嗯嗯"。

人们常在词汇少，或是思维慢时利用这些词作为停顿，而领导者在演说中，如果常伴有此类口头语，会给人一种反应较迟钝的印象。

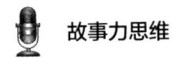

（4）"可能是吧、或许是吧、大概是吧"。

这些口头语体现的是对自己言谈的极为不确定，也会给听众留下不可信任的印象。

可见，"口头禅"是演说中的大忌。所以，我们应将凝练自己的演讲语言作为培养和锻炼自身的语言组织和表达能力的重要方面，应尽可能地用最清晰、简明的语言给听众传达相关信息。

4.偶尔停顿、适时沉默

任何沟通都是双向的。赢得人心需要一个好口才，但绝不可卖弄口才。有些人总希望用出色的口才让听众产生信任感，但却忽略了一点，那就是，人们通常会以为那些巧舌如簧、太能说的人是不值得信任的。因此，在讲故事中，需要偶尔停顿。

作为领导者，如果你希望自己的故事能够吸引人，就要在日常生活中锻炼自己说话的能力，毕竟，世上无难事，只怕有心人。平常多注意，多锻炼，你的发言定可以达到言简意赅、字字珠玑，一出口就能击中要害的程度。

总之，领导者在讲故事时，只有做到轻重缓急适宜，吐字清晰有力才能使语意分明，声音色彩丰富，语气生动活泼，语言信息中心突出，从而引起听者的注意，引导听者的思路，易于被人理解和接受。

调控音调，让故事更有感染力

语言不仅仅是最重要的交际工具，说话风格也反映着一个人的魅力和性格特点。领导在讲话的时候，需要迸发出一种力量，并且极具感染力，这样，才能更好地展现出语言的魅力以及领导自身的形象。如果领导的讲话软绵绵，没半点力度，毫无生气，死气沉沉，那么，下属就会对他的讲话失去兴趣，同时，也会质疑他的领导水平。

如何使自己讲话更有力度？除了让语言变得更简洁，还要有意识地调控自己的声音，在日常管理中，领导讲话，应潇洒一些，音量尽量大一些，使整个讲话有生气，有感染力、号召力，这是语言表述中的一个极其重要的方面。所以，领导在讲话的时候，要有意识地调控自己声音的大小，使每句话都迸发出它应有的力度。

我们发现这样一件有趣的事情，在日常工作中，领导的讲话稿往往写得很有气势，但实际的讲话过程却像催眠曲一样，令人恹恹欲睡。究其原因，就是领导不善于调控自己的声音，有时明明是一篇气势磅礴、彰显力度的讲话稿，从他嘴里讲出来，却似棉花般软绵绵的。在生活中，我们都有这样的经验，当自己想让话语更显力度的时候，就会不自觉地提高自己的音量，以此来彰显话语的力度。领导讲话更应该如此，声音稍微大一点,毕竟,你不是只讲给自己听,你要让整个会议室的人听见,如此,你才能达到自己的目的。

然而,对于讲故事而言,领导者需要根据故事情节合理调整自己声音的大小,比如,当领导宣布"我们成功了"这句话的时候,如果声音很低,人们根本无法听清楚,那就削弱了这句话本身的力度。而当领导者讲到"那是一双双孱弱的肩膀"时,就应该压低自己的声音,而不应该大声说。也就是说,根据具体故事细节来调节音量,才能将自己和听者的情绪都带入其中。

具体来说,领导者讲故事,在调控自己的声音大小上,需要注意以下四点。

1.投入自己的情感

演员之所以打动人,是他的全情投入:该哭的时候要哭,该笑的时候要笑。所以,领导在讲故事的时候,不要压抑自己的情感,也不要掩饰自己内心的狂热。在讲故事的过程中,你完全可以通过自己的意愿去给语言添枝加叶,表现出自己的热忱。这时,你的声音也会变得热烈起来,你所说的话语自然也会显示出它应有的力度来。

2.表现热烈

作为领导者,在讲故事时候,还应该表现得热烈一些。尤其是走上讲台的时候,应该是满心期盼的神态,而不是满脸沮丧的表情。为了表现出内心的热烈，你不妨踏着轻快的脚步上台，这样，会让下属觉得你有自己非常热切想要谈的事情。在正式讲话之前，先做一个深呼吸，身子不要靠着讲桌，头抬高，下巴仰起。

3.声音大一点

有时候，你所在的讲话场所，有可能是容纳几百人甚至上千人的大厅。即便有扩音器，但如果你的声音如蚊子一样小，那么下面的员工依然听不到你在讲什么，预期的讲话效果自然也就达不到。因此，讲话的时候，声音大一点，若想将声音传至大厅的后方，那么，你所说的每个字都应是很有力度的。

4.语速快一点

讲话的语速能激起听众情感的波澜，思想感情的起伏变化，语调的抑扬顿挫、轻重缓急以及肢体语言等要素，有秩序、有规律、有节拍地组合，便形成了讲话的节奏。而只有语速快一点，才能够营造出紧张、富有激情的气氛，才能够感染下属。所以，尽可能让自己语速快一点，但是要注意一点，再快也要保持口齿清楚，如果只注重快而不注重效果，这就本末倒置了。

总之，领导讲故事，必须要有感染力，"生命、活力、热情"是领导讲故事应达到的条件。因为，听者的情绪完全是受领导者左右的，只要你能在自己的讲话中注入热情，那就能很好地感染听众。要想使自己的讲话极具感染力，有效调控声音就必不可少。声音抑扬顿挫，你所说的每句话才能彰显出应有的力度，也才能达到你讲话的最终目的。

第 6 章 依托事实的故事更有说服力

> 我们都知道,领导者讲话,有三个构成因素:领导者自身、讲话内容以及听众,缺一不可。前文我们已经分析过故事对于领导者提升管理能力的重要性,然而,领导者在讲话过程中对故事的选用和讲述都并不是毫无章法的,没有调查就没有发言权,领导者最好选那些经得起推敲的故事,并且要懂得将晦涩难懂的故事、实例采用鲜活的方式表达出来,这样,既能增强说话的说服力,也能让听者更易于接受。

怎样选好故事的材料

我们都知道,领导者讲故事,需要选择故事材料,虽然讲故事比论述观点更机动灵活,但领导者说的每一句话,都要有依据,尤其是某些故事材料。在我们确定了要表达的主题后,就能对故事进行大致的挑选,因为并不是所有的故事材料都适合你此次的讲话。那么领导者在故事材料的选择和运用上,有哪些需要注意的原则呢?

1.有些材料必须真实可靠

故事的类型有很多，但如果是事实类故事，就必须是真实的，故事材料只有准确而真实才能有说服力。在说话过程中，即便你滔滔不绝、大部分听众连连称赞，但一旦真实性被某些听众怀疑，那么，你的讲话效果也将会大打折扣。

对于这类故事，要做到材料真实，不但要查找书面证据，还要注重对生活的观察，只有通过这种方法收集的材料才是客观存在的，才具有普遍意义。

另外，还需要注意的是，在整理材料的过程中，要把握材料的准确性，不能用模糊的词语，让人不敢确定。

曾经有一位领导者，在说话的过程中，提到做事专业化的必要性，当时他引用了一段很明智的材料——他以安德鲁·卡耐基的故事作为开始。他的引述内容准确，并且他所借用的"专家"足够有资格讨论他正在演说的主题——事业的成功之道，所以得到了听众的认可，后来也一直在演讲界被人津津乐道。最后，他这样总结道：

我坚信，在任何一个行业，一个人要想成功，就必须要在那一行成为专家。我不相信分散个人才智的策略，而且，从我的经验来看，即便真的有，我也很少看到有人真的能做到一心多用，在制造业方面，我更确定是没有的。任何能成功的人都是选定了一行，然后坚持到底的人。

2.故事材料必须紧紧围绕主题

我们应把主题当成故事材料取舍的重要标准，我们之所以寻找材料，就是希望材料能起到支撑主题的作用。如果偏离主题，那么，你说的故事即使再完美，也是毫无意义的。

因此，在选择故事材料的过程中，只要是能凸显主题的，与主题关系密切或者有关联的，都可以选用，而与主题关系不大，或者无法很好地反映主题的，都应舍弃。

恺撒大帝是罗马共和国末期的军事统帅、政治家。他曾只用了八年时间就征服了高卢全境，还袭击了日耳曼和不列颠。但在掌权时期，他曾遭到布鲁图斯等人的诋毁，他们称恺撒是个野心者，更是个暴君，而恺撒的重臣安东尼忠心护主，他在公开场合运用了三个材料就驳回了这些诋毁者的言论：

"他曾获胜边疆，但却将所获的财物都归于国库。"

"他听到穷人的困苦生活，也会掉下泪来。"

"那天，你们曾目睹我三次劝他登基，他却三次拒绝。"

这里，安东尼所讲述的三个材料，分别证明了三个方面：恺撒没有为一己之私而侵吞国财；恺撒满怀仁爱之心；恺撒为人谦虚而不是野心勃勃。这三个材料都紧扣主题，都有力地证明了自己的观点，给布鲁图斯等人以强有力的回击。

3.故事材料必须典型生动

所谓典型，就是具备代表性，典型材料就是那些最具广泛代表性和强大说服力的材料，这样的故事，能以小见大、以少见多，能帮助我们更自信地阐述观点，也能让讲话更精练。因此，选择典型性故事材料，无论从内容还是形式上而言，都是必要的。

材料的生动性则体现在材料新颖、实在、有趣、灵活等特征上。新颖生动的材料，能够充分调动听众的兴趣，引发听众的想象力，并且可以使讲话声情并茂，增加表达的感染力，让听众耳目一新。

4.故事材料必须要有针对性

适合领导者使用的故事材料必定不少，但是还需要把听者的因素考虑进去，要真正做到因事、因地、因人，这样才能真正达到以情动人、以理服人的效果，激发听众的热情和兴趣。

那么，什么是有针对性的故事材料呢？主要应考虑以下几个方面：

要考虑到说话的场合和听众的兴趣；

要针对听众的不同文化程度，把故事材料具体化、形象化；

要选择那些符合听众心理需求的故事材料；

要考虑到自身的情况，选择那些自身熟悉的故事材料，这样才能做到说话时自信满满。

总结起来，演讲者选择和使用材料，一定要以演讲目的和主题为出发点，并考虑到听众和自身的独特因素，选择那些有用的、真实的材料，这样才能帮助我们完成一个出色的演讲。

总之，领导者在明确自己所说的主题后，在经过了构思与材料的调查选择后，对于故事材料也要进行取舍，虽然搜索和收集了大量的故事材料，但并不是所有的故事材料都可以派上用场。因为你要做的并不是简单地堆砌语言和材料，而是选取那些最能说明问题、最能打动听众的故事来阐明主题。

让你的故事有画面感

作为领导者，相信你曾有这样的讲话经历：你苦口婆心地说了半天，但依然没有将自己想要表达的意思说清楚，其实你自己很清楚这件事，但就是不知道如何向听众说清楚。此刻，你不妨将要表达的观点用讲故事的方式表达出来，而如何让故事更为生动呢，你可以让故事视觉化，这样，听众听起来就容易理解多了。

比如，你原本想讨论催化剂这一物质在工业中的贡献，你也可以说它是一种能改变别人而自身不发生改变的物质，但你还有更形象的说法：它就好比一个在学校里总是调皮的小男孩，它总是去欺负其他的孩子，但自己却从未受过伤，也没有被人打过。这样说是不是更易理解了呢？

再如，我们都知道，月亮、太阳、星星离我们的地球很远,但到底是多远呢?如果你懂得科普知识,也许能用数字来回答这些问题,但是一些科普作家知道,普通听众是不明白这些问题的,因此,在进行科普工作时,最好还是将数字转化成图画。

著名的科学家詹姆·金恩斯爵士知道,人们都想了解宇宙的奥秘,但他更知道,高深的数字无法满足人们的好奇。于是,爵士在他的《我们周围的宇宙》一书里这样说:"即使是最近的一颗星星也在40 233 600 000 000公里以外,那么这是一个多大的数字呢?"为了让数字更形象和鲜明,他说,"假如一个人从地球出发,然后以光速——每秒300 000公里飞行,他需要四年又三个月才能到达。"这样,太空的浩瀚和广阔便生动地展现在了读者面前。

在卡耐基的培训班上,曾经有个学员作的演讲让卡耐基终生难忘。他用最形象生动的语言描述了在公路上发生车祸是多么可怕。"现在,你正开车横穿美国,你的起点是纽约,终点是洛杉矶。假如你现在在公路两旁看到的不是公路标志,而是棺木,每个棺木中都躺着去年车祸中的受害者,那么,当你飞驰时,每隔五秒钟你就能看到这样一个阴森恐怖的安全提示,每1.6公里就有12个!"

从那以后,卡耐基每次乘车,演说者描述的景象便十分清晰地浮现在他的脑海里。

为什么会出现如此明显的演讲效果呢？因为，人们的视觉印象远比听觉印象保持时间更持久。同样，我们现实生活中的领导者，在运用故事阐明道理时，也可以通过将所讲内容视觉化的方式来使听者理解起来更轻松，这样也可以提升讲话效果，最终达到讲话目的。

基于事实的故事更有说服力

生活中，人们常说："没有调查就没有发言权"，对于领导者来说更是如此，领导者在员工面前所说的每一句话，都应该经得起推敲，都应该是权威的。当然，我们也知道，说话是一门艺术，但这并不等于领导者说话可以信口开河，事实上，领导者说话的目的就是让听众信服，讲故事的目的也在于此，而如果领导者希望自己所讲的故事言之有物，就要做好开口前的准备工作，不能瞎编故事。

为了做好这一点，领导者在明确了发言的主题后，最好能在主题的指导下查找一下相关的资料。不仅需要找到发言所需要使用的故事材料，更要针对发言的场所、听众、背景等方面调整发言内容，选择适宜的讲话方式，改进讲话效果。

在钱钟书先生的小说《围城》中，有个主人公叫方鸿渐，他留洋回国后，家乡的一所学校请他去给学生们做演讲。实际上，这位方先生肚中并没多少墨水，只是挂着留学生的虚名而已，他却因为面子问题而不好推辞。

演讲的前一天晚上，他本来准备查找一些资料，却在看书时睡着了。就这样，第二天演讲时，为了应付，他便大谈自己熟悉的有关鸦片与妓女的话题，令在场的人都很尴尬，他自己也因此臭名远扬。

这里，方鸿渐为什么出尽了洋相？很明显是准备不充分，不但没有做好充分的调查工作，甚至连基本的主题都没有确定，临时发挥时只好胡说一气。

我们再来看下面一位领导者是怎样说话的：

刘明是一名海归，现在在一家网络公司担任财务总监，在他上任半年后，公司上司让他代表中层管理者做一次演讲。

该确定什么演讲主题呢？想来想去，他还是决定谈自己的老本行。于是，他决定对公司的账目进行一次大审查，经过调查，刘明发现，这一年来，公司居然根本没有盈利。到底是哪里出了问题？

他找来财务人员才知道，原来一直以来，他忽视了一个问题，网络公司在网站维护上的成本投入太多。而造成这一问题的原因又在于公司这一方面人员的多余，很多工作，一个员工就可以解决，但却安置了太多的闲余人员。

找到这些原因后，刘明就知道该怎样展开故事了，在大会上，他这样说："我曾经在一家公司工作，这家公司因为颠倒了公司的主要任务……"刘明所说的这家公司就是当前这家公司，在场的人很快意识到了问题。

故事讲完以后，他还提出了一些更细致的解决方案，比如，公司员工的奖金制度应该加以调整并细化；员工的考勤制度也应该明确化……

公司的高层领导对刘明的演讲很满意，并采取了他的方案，在经过一系列的调整后，第二年这家公司就呈现出一片大好的发展趋势。

与第一个案例中的方鸿渐不同，财务总监刘明为公司大会上的演讲进行了全方位的调查，找到了公司的财务问题，并在演讲中提出了具体的措施，自然会赢得领导的认同。

的确，领导者需要明白，你的听众都有自己的想法，都是理智的，如果你希望听众能接受你的想法和观点，最好让你的故事更有说服力，其他发言的材料也要经得起推敲。

具体来说，你需要做到：

1.根据讲话主题收集材料

一个观点，要想说清楚、讲透彻，一件事情，要想说得可信，都必须对有关事实进行调查研究，掌握充分的事实材料。这些事实材料，不但使你的讲话内容有保证，还能增强你在说话时候的底气。而如果你不准备材料，或者缺少材料，那么，

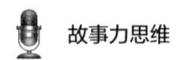

说话时你只能勉强说，甚至根本不知从何说起，这样，你自己说得痛苦，听众也听得无趣。

2.调查场景与听众情况

不同的听众，他们的文化背景、品位、修养都不同，感兴趣的话题也会不同，因此，在说话前，最好先收集一些关于听众的资料，以确定自己的演讲主题和说话风格以及所需要的材料。

总的来说，领导者所讲的故事，必须是能让听众信服的，能起到点明主题的作用。另外，领导者还需要就说话主题列举出一些有说服力的证据，通过论证的方式，将各种方案的优劣、长短逐一比较分析，这样，才能实现讲话的目的。

故事中穿插自己的亲身经历

作为领导，我们知道，有时候在下属和员工面前说话是为了传达自己的观点，是要让听者接受自己的想法和意见。而为了增加话语的可信度，可以适当地讲述一些自己的经历，自己的经历就是最好的故事。特别是那些希望提高自己说服能力的领导者，在说话时可以适度提及自己的亲身经历。

曾经有一次，卡耐基训练班的一些教师们在芝加哥开会，其中也有一些学员参加。

第6章 依托事实的故事更有说服力

会议开始，一位学员这样开头："自由、平等、博爱，这些是人类字典中最伟大的思想。自由是第一，没有自由，生命就再也没有存在的价值了，我们可以设想一下，如果我们的行动处处受到限制，会是怎样的一种生存状况？"

当他讲到这里时，他的老师很果断地站出来打断了他，然后问他有什么事实依据或者自己的经历、遭遇能证明他刚才所讲述的一番话，于是，接下来，他讲了一个真实的故事。

他说，他曾经是法国的一名地下斗士，在纳粹统治下，他和他的家人饱受屈辱。演说中，他以贴切、形象的语言描述了自己是怎么熬过那样一段艰难的日子的，是怎样逃过秘密警察的追捕来到美国的，最后，他用一番话来总结自己的演讲："今天，我从密歇根街来到这家饭店，我能随意走动，当我从警察身边经过时，也不用回避他们的目光，我来到饭店，更不用出示证件，等到会议结束了，我可以想去哪里，就去哪里，因此，我们每个人都要相信，为了自由，任何的奋斗和努力都是值得的。"最后，他获得了全场的起立致敬和热烈的掌声。

这位学员的演说能打动听众、获得热烈的掌声，就是因为他从自身切实的经历讲起，句句贴切。

现在，我们知道，领导者讲述自己的亲身经历，更容易引起共鸣，但仍有一些领导者不愿意讲述自己的个人经历，他们认为那些事实太琐碎和局限，他们更愿意讲一些空洞的概念和哲学理论。但他们忽略的是，听众也是平凡人，那些平凡人的平凡事更能打动他们，他们想要听的是一些新闻，但你们却总是说各种各样的社论。说社论并没有错，但是最好还是由那些更有发言权的人来说，比如报纸的发行者或编辑，因此，领导者，对于你来说，还是讲述那些生命对你自身的启示吧，你自然会有听众。

因此，我们建议那些致力于培养自己说服力的领导者，可以从以下五个方面谈及自己的经历。

1.成长的历程

只要是与你的家庭、童年回忆、学校生活有关的题目，一定会吸引听众注意，因为有关你曾经是如何解决困难、如何挑战自我的故事，最能引起共鸣。

2.为了出人头地所做的努力

这样的题目富有人情味，也是吸引听众注意力的最保险的题材。比如，你可以讲述自己在早期是如何为幸福生活努力的，是如何创业的，是如何从事某种很有难度的工作的，你的事迹能给听众鼓舞，让听众燃起克服任何困难的决心。

3.嗜好及娱乐

这方面的题目得依据个人喜好，如果你确实对某件事十分热爱，并且有着自己独到的见解，通常来说，你不会出现什么失误，也能把这一问题讲得十分有趣。

4.特殊领域的知识

如果你从事某一领域的工作多年，那么，你可以说是此方面的专家，如果你用自己的工作经验来讲述某一问题，也是可以获得听众信任的。

5.与众不同的经历

你有没有遇到过名人？有没有去过战场？有没有做过别人望而生畏的事？这些经验都可以成为最佳的讲话材料。

因此，每一个正在致力于提升自己讲故事能力的领导者，在为讲话准备时，你不必把自己要说的内容都写在纸上，然后背下来，也不是临时抱佛脚看看杂志就可以应对，而应该在自己的脑海里挖掘，挖掘一些关于你自己的故事，你完全不必担心你说的话太个人化，这样的讲话才是动人的、真心让人快乐的。

视觉辅助工具可以让你的故事讲得更好

古有谚语："百闻不如一见。"这句话形象地说明了视觉比听觉更重要。生物学家也指出，在人的器官中，从眼睛通往脑部的神经，要比从耳朵通往脑部的神经多好几倍。科学实验发现，我们给予眼睛看到的信息的注意力是给予耳朵听到的信息的25倍。

因此，领导者在讲故事时，如果你想清楚地表达某件事或者某个观点，那么，你最好生动形象地为听众勾勒出具体图像，把思维具体化。

派特森是已故的著名的美国全国收银机公司的总裁，他在演讲时便很善于利用这一方法。在为《系统》杂志写文章时，他简要地说明了他向工人和销售人员演讲时使用的方法：

"我认为，一个人要想让别人了解并接受他的想法，仅仅借助语言是不够的，我们要做一些更为戏剧性的补充，最好的方法大概就是图片。要想展示事物的对错两面，相对于文字来说，图片更有说服力。所以，最有表现力的方法就是为你的文字附图，文字与语言应该只是作为与图片配合的手段而已。我很早就发现了这一点，一张图片比我说再多的话都有用。"

当然，并不是所有的讲话题目都适合用展示图片的方法来表现，但只要可以使用，我们就应该使用。图片能引起人们的兴趣，能将我们的想法表达得更清楚。另外，用图片说话，需要图片足够大，让听众能够看得清楚。需要注意的是，别做过了头，图片太多也会让人感到无聊。如果你想在黑板上边说边画，那记住一定要快速，要知道，没有谁是来欣赏你的艺术作品的。使用缩略语也要写得大一点而且容易辨认；在黑板上涂鸦的时候，也不要忘记继续讲话，要随时面对听众。

另外，在运用展示物表达观点时，要记住以下几点建议，这样能保证你随时掌控听众的注意力。

（1）别把展示物放到台面上，先藏起来，等到需要时再拿出来。

（2）使用的展示物不能太小，要保证坐在最后一排的听众也能看见。

（3）在讲话的时候，不要把展示物放入听众中间传阅，大家很有可能因此转移注意力而无法集中精力听演说。

（4）展示物品时，把它举到听众看得见的地方。

（5）一件展示物只要能打动人，就胜过十件其他无法打动人的东西，所以，展示物在精不在多。

（6）展示物品时眼神不要总是盯着展示物，要知道，你的沟通对象是听众，而不是展示物。

（7）在使用完展示物后，要立即收起，不要让听众的注意力被分散。

（8）如果展示物非常适合作"神秘处理"，那么，先把它放到一张桌子上，讲话时放在身边，并要将其盖好。

领导者在讲话时，要多提及展示物，这能吊起听众的胃口，但是千万不能告诉听众它是什么，这样，听众必定能在兴趣被激发之后想一睹为快。

总的来说，用视觉材料来增强讲故事的效果是最有用的，你最好做足准备，在听众面前一边说，一边展示，这样，就可以保证听众听得更明白。

第7章　讲出好故事的方法

> 我们都知道，任何一个人，在建造房屋时，都不会在毫无准备的情况下就动手。同样，领导者讲故事也是如此，任何一个故事，都有三个部分是绝对重要的：开头、正文和结尾。有新意的开头，才能引起听者的兴趣；中间部分要注重细节的阐述，将细节视觉化；结尾乃画龙点睛之笔，更需要领导者花点心思研究。因此，要讲好一个故事，领导者需要从这三个方面着手和努力。

用故事开场，带动听者兴趣

正所谓，万事开头难，同样，讲话的开场最不易把握。曾有人指出：如果没有一个好的开头，任何人，想要在说话过程中始终做到轻松、巧妙地与听者交流思想都是颇为困难的。事实上，对于从事管理工作的领导者尤其如此，通常来说，领导者讲话，都希望达到说服听众的目的，而善于讲话的领导都十分注重讲话开头的设计，讲话开头成败的关键在于能否吸引并集中听众的注意力。因此，开场白只有做到匠心独运，以其新颖、奇趣、敏慧之美，给听众留下深刻印象，才能立即控制场上气氛，在瞬间集中听众注意力，从而为接下来的讲话内容顺利地搭梯架桥。

前面，我们已经提及，人们都喜欢听故事，都容易被带入到故事中，为此，领导者讲话也可以通过故事开场，以此来抓住听者兴趣。

用形象性的语言作为开场白讲述一个故事，会引起听众的莫大兴趣。可供使用的故事一般有两类：一般的故事和幽默的故事。

1.一般的故事

这一类故事，可以是现实生活中的轶事趣闻，也可以是中外历史上有影响的事件。无论使用哪一类故事，都应注意和自己的谈话内容相衔接。

1962年，82岁高龄的麦克阿瑟回到母校——西点军校，里边的每一种东西，都令他眷恋不已，浮想联翩，仿佛又回到了青春时光。在授勋仪式上，他即兴发表演讲，他这样开头：今天早上，我走出旅馆的时候，看门人问道："将军，你上哪儿去？"一听说我到西点时，他说："那可是个不错的地方，您从前去过吗？"这个故事情节极为简单，叙述也很平淡，朴实无华，但包含的感情却是深沉的、丰富的。既说明了西点军校在人们心中非同寻常的地位，从而唤起听众强烈的自豪感，也表达了麦克阿瑟对母校的那种深深的眷恋之情。

接着，麦克阿瑟不露痕迹地过渡到"责任—荣誉—国家"这个主题上来，水到渠成，自然妥帖。

2.幽默的故事

心理学家凯瑟琳告诉我们："如果你能使一个人对你有好感，那么，也就可能使你周围的每一个人，甚至是全世界的人，都对你有好感。只要你不是到处和人握手，而是以你的友善、机智、风趣去传播你的信息，那么空间距离就会消失。"幽默能拉近人与人之间的感情距离。

但演讲中使用幽默的故事一定要注意，讲话者自身需有幽默的禀赋，切不可平淡、呆板。

总之，开头是讲话者向听众展示的第一个同时也是最重要的信号，领导者讲话的过程中，若能以故事开场，便更能抓住听众的注意力，引发他们听的兴趣和积极性。

重视细节，制造悬念

生活中，我们经常提到"开场白"一词，所谓开场白，顾名思义，就是一开场所说的话。俗话说："好的开始是成功的一半"，这句话足见开场白的重要性。的确，任何形式的讲话，如果一开始就无法调动听众的兴趣，那么，接下来的讲话中，你要想再打动听众，难度无疑会大很多。

第 7 章　讲出好故事的方法

前面，我们已经分析过，在众多的开场方式中，讲故事能帮助我们达到这一效果，然而，讲好一个故事也绝非易事，原因有两点，其一，从自身因素看，即便你准备充分，也很有可能紧张、怯场，事先虽然准备充分，一时却不知从何说起，这样难免导致整场讲话的失败。其二，虽然演讲者没有怯场，但如果表现平平，没有在一两分钟内"震慑"听众，这样的演讲也很难有十分理想的效果。

语言大师给我们的建议是，刚开始就要举出故事中的一个细节。这样做的好处是你一开始就能抓住听者的注意力，一些领导者之所以不能一开口就引起听众的兴趣，很多时候都是因为他讲了一些老套的话，而听者对此并不感兴趣。

任何一位一流报纸杂志的作者都会记住这样一句座右铭：要让你的故事的一开始，便能立即抓住听众的注意力。

接下来是卡耐基曾列出的一些精彩的开场白，相信这些开场都有一种魔力，能在一开始就抓住你的眼球：

"1942年时，我发现自己躺在医院的病床上。"

"去年7月，当我快速驾车驶下42号公路时……"

"昨天早饭时，我妻子正在倒咖啡……"

"那时，我正在湖中央钓鱼，我抬起头，就看到了一艘快艇正朝我快速驶来。"

"我办公室的门突然打开了，我们的领班查理·范闯了进来。"

这些开场白说清楚了时间、地点、事件和事情发生的原因，这虽然是一种古老的方式，但却是吸引听众注意力的一种很好的方式。对于孩子们来说，"从前"是一个"魔力词"，因为"从前"后面经常伴随的是一个很有趣的故事，所以一听到这个词语，孩子们想象力的水闸就被打开了。采用相同的方式，你也能一开口就抓住听众的思想。

还有一种开场方式——制造悬念，也能吊足听者的胃口。

下面我们引述的是鲍威尔·希利先生在费城的宾州运动俱乐部展开讲演的方法：

就在82年前，大概也是这个时节，在伦敦的大街小巷，大家争相讨论一本小书，这本刚出版的小书是一段故事，它一出现，就注定了永垂不朽，不少人称它为"世界上最伟大的小书"。在它刚刚问世时，相熟的几个朋友在史传德街或波莫尔街遇上时，都会随口问一句："你读过它了吗？"回答千篇一律："是的，上帝保佑，我读过了。"因为谁也不会错过它。

听到这里，你是否也产生了极大的兴趣？是不是也想知道这本书的书名呢？是不是急切地想知道更多呢？你是不是觉得这段简短的开场白已经抓住了听众的注意力了？那么，这是为什么呢？这就是好奇！而这本书正是查尔斯·狄更斯的《圣诞欢歌》。

所以，我们可以说，制造悬念一定能引起听众的注意。此处，我们还能找到另外一则案例，这是卡耐基讲《人性的优点——如何停止忧虑，开始生活》时，所使用的设置悬念的方法。

卡耐基是这样开始的："1871年春天，一位名叫威廉·奥斯勒的医生捡到了一本书，他从书中仅仅看到了21个字，就对他的将来造成了深远的影响，从此他注定要成为一位举世瞩目的医生。"

此处，让听者感到好奇的问题有很多，比如，这21个字都是些什么呢？这些字又是如何影响到他的将来的呢？这些问题都会带领读者继续将文章读下去。

总之，在讲故事中，精彩的开场可以起到创造良好气氛，激发听众兴趣的作用。语言学界曾有人指出：如果没有一个好的开头，想在整个讲话过程中做到轻松、巧妙地与听众交流思想是颇为困难的。

用实例开头，吸引听者

瑞士作家温克勒说："开场白有两项任务：一是建立说者与听者的同感；二是如字义所示，打开场面，引入正题。"不得不说，任何形式的讲话，开头都是关键。在讲话开始后的几分钟或者几秒内，听者通常会决定是否接受你的讲话，是否听下去。一场好的讲话，一开头就应该用最简洁的语言、最经济的时间，把听者的注意力和兴奋点吸引过来，这样，才能达到出奇制胜的效果。如何达到这一效果，方式当然多种多样，但更能引起共鸣的还是无懈可击的事实。

对于领导者来说，讲话的目的是将所陈述的观点深入剖析，引发共鸣，以达到震慑人心的效果。开场白中任何技巧的运用，都不如以事实开头更能获得听者的信任与认同。

向听者讲述一些事实，会让听者在一开始就对你产生信任。当然，选择事实要遵循这样几个原则：要短小，不然成了故事会；要有意味，促人深思；要与演讲内容有关。

那么，具体来说，我们该如何以事实为开场进行演讲呢？

1.用令人震惊的事实开头

著名演讲教育家李燕杰在《爱情与美》的演讲中这样开场："我不是研究爱情的，为什么会想到要讲这么一个题目呢？"然后他讲了一个故事：北京一家公司的团委书记再三邀请李老师去演讲，并掏出几张纸，上面列着公司所属工厂一批自杀者的名单，其中大多数是因恋爱问题处理不好而走上绝路的。"所以，我觉得很有必要与大家谈谈这方面的问题。"

这个故事一下子把听众的注意力集中起来，使他们认识到问题的严重性和紧迫性。

2.讲述与主题相关的背景事实

相对来说，领导干部发表讲话，比一般形式的谈话更有权威。如果领导干部在讲话开始时，能向听众讲述与主题有关的背景知识，那么，不仅能体现出主题的重要性，更能用事实说服听者。

美国空军少将鲁弗斯·比拉普斯曾在夏努特空军基地的一次宴会上进行了演说，在演说中，他对"黑人遗产周"的有关背景知识及其对美国空军的重要性作了介绍：

今天，我很高兴站在这里，也很荣幸受邀与各位一起探讨美国黑人的问题，为保持和增进民族间的理解，美国各大州又开始纪念"黑人遗产周"。在夏努特空军基地，我们庆祝它则可以对美国空军进行完整无缺的教育。我们民族的主旋律是："黑人历史，未来的火炬。"

当然，领导干部在讲话开场白中陈述事实，还有很多途径，这需要领导干部根据具体的演说场景和主题进行论述，但无论是何陈述，都必须建立在真实可信的基础上，一切缺乏事实依据的言辞都有可能被听者识破而使整个演说黯然失色。

总之，领导者讲话，以事实开场，可以使听者从一系列触目惊心的事实中醒悟过来，造成一种"悬念"，使听者急于了解更多的情况。因此我们在发表讲话时，也可以选用事实为开场白，意在引起听者的注意、赢得他们的认同。

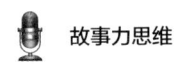

一个好故事，形式和内容都很重要

我们已经知道，讲话的开场需要认真对待。其实，一个完整的故事，开场只是一个方面，中间部分尤为重要，因为一个故事的高潮往往发生在中间部分，中间部分也是你所讲主题的直接体现，如果讲得好，客户就会被你带入故事中，进而接纳你的看法，而如果这部分讲得平淡无奇，听者自然会失去兴趣。而在故事的中间部分，我们可以将之分为形式和内容两个方面。

接下来，我们从这两方面进行分析：

1.内容上：故事内容要详细、充实

在《风格的要素》一书中，威廉·斯特伦克这样阐述："那些研究写作艺术的人，假如在他们的观点中，有相似或一致的地方，那么，这个地方就是：他们认为如果说想要抓住读者的兴趣，那么，最为可靠的方法就是要具体、明确和详细。像荷马、但丁、莎士比亚等这样一些最伟大的作家，他们最为高明的地方，就是他们处理特殊情境的能力，他们能在叙述或者写作时唤起读者脑海的景象。"

写作如此，讲话亦是如此。曾经，卡耐基和他的训练班的学员们做了一个实验：讲事实。他们在实验中定了一个规则：在每句话中都必须要有一个事实、一个数字、一个专有名词，还有一个日期,当然,他们获得了革命性的成功。然后,学员们将它制成了一个游戏,大家在做游戏时,指出彼此概略化的毛病。没过多长时间,大家在说话时便不再夹杂那些抽象的、虚无缥缈的语言,而是回归到街上人人都说的、明确的、活泼可爱的语言。

法国哲学家艾兰说:"抽象的风格总是不好的,在你的句子里应该满是石头、金属、椅子、桌子、动物、男人和女人。"

无论是演讲,还是日常的人与人之间的对话,其实都该是如此,因为任何形式的语言活动,唯有细节能让其出彩。

如果你是销售人员,你能发现讲话时注重细节特有的魅力;如果你担任的是主管职务、家庭主妇或者是教师,你也能在下达指令和传播消息时,因为使用了细节化的语言而使说话的内容变得更清晰,说话效果自然也会好很多。

生活中的领导者,在讲故事中,如果想要成为高效的沟通者,就要牢记这一点,相信你会有所收获。

推销大师乔·吉拉德有这样一次推销经历:

有一天,乔·吉拉德的车行里来了一对夫妇,乔立即迎出来接待他们。

"你们好,选中自己喜欢的车了吗?"在对方在车行看了一会儿后,乔热情而礼貌地上前询问道。

"你这里的车不错,不过我们还得考虑考虑。"

其实，当客户说出这句话的时候，乔已经判断出了客户的心理，于是，乔准备再试探一下。

"你们知道吗？我跟我太太也和你们两位一样。"

"一样？是吗？应该不会吧？"他们说。很明显，他们产生了兴趣。

乔·吉拉德说："我们家每次在准备添置某些大件之前，我都要和太太谋划半天，常常是思虑再三，生怕买了不好的产品，花了冤枉钱，怕自己对产品了解得不够而上了推销员的当。也正因为我知道消费者在购买产品时有这一担心，我才在做销售时，从不让我的客户感受到任何强迫，我要给客户充分考虑的时间。说实话，如果不这样的话，我宁可不和你们做生意。当然，请别误会，我真的很想同你们合作，但对我来说，更重要的是，你们在离开时能够有一种好心情、好感觉。"

"先生，很高兴您能这么想，谁说不是呢？谁都希望买到放心的产品。不错，我们从不向那种企图强求的推销员购买任何东西。"那对夫妇说。

乔·吉拉德接着说："讲得对，我很高兴听你们这样讲，我请求两位花点时间，好好想一想。要是需要我的话，请叫我一声，我随时恭候。"然后，乔·吉拉德就回到他自己的办公室，静静地等待。

当然，乔·吉拉德知道"想一想"的含义对他们来说不会仅是几分钟,而可能是好几天,但自己却不能放走这么好的机会。于是十多分钟后,乔·吉拉德回来,若无其事地对他们说:"我有一些好消息要告诉两位,我刚刚得知我们的服务部最迟今天下午就能把你们的车预备好。"

"我们想明天再来。"

"明天?"乔·吉拉德笑了笑,"今天能做的事最好不要拖到明天,如果你们确实拿不定主意的话,可以多方面考虑考虑,我看两位都是利索的人,很快就会下决定的,对不对?"

其实,如果是真心购买的客户,今天买和明天买的确没什么区别,所以,当乔·吉拉德利用"今日事,今日毕"的说辞营销时,成交也就是顺理成章的了。

他们夫妇二人也的确是当即拍了板:"好吧,我们现在就买了。"

推托是人的普遍特征,推销员在工作过程中会经常碰到这样的情况,如果缺乏技巧,那么推销成功的机会就变得非常渺茫,而如果能像吉拉德这样以详尽的故事作为引导,就会有所斩获。

2.形式上:注重语言修炼,使之产生视觉效果

《风格哲学》这篇著名论文的作者赫伯特·史宾塞早就说过,优秀的文字能够唤起读者对鲜明图画的联想。

我们在莎士比亚的著作中,能挖掘出很多可以呈现出图画

的字句。对于"某件事是多余的,这简直是改善已经很完美的事"这一平常作家陈述的事实,莎士比亚会怎么表达呢?他写出的就是如画般的字句:"替精炼过的黄金镀金,替百合花上油彩,把香水洒在紫罗兰上。"

不知细心的你是否注意到,那些被人广为传颂的民间谚语,也几乎都是能让人产生视觉图像的,比如"一鸟在手,胜过两鸟在林""不雨则已,一雨倾盆""你可以把马牵到水边,但却不能逼它喝水",等等。那些流传好几个世纪而且被广为使用的比喻里,也不难发现同样的图画效果:"如狐狸那般狡猾""僵死得像一枚门钉""像薄煎饼那般平""硬得像石头"。

林肯在说话时,也喜欢使用那些具有视觉效果的字句,当秘书将冗长的报告送到白宫时,他并没有直接表明自己的厌倦之情,而是形象地说:"当我派出去一个人,希望他能替我买匹马时,我并不想听此人告诉我这匹马的尾巴上有多少根毛,我只希望知道它有什么样的特点。"他从不喜欢用那种平淡的语言来表达。

所以,在日常的生活中,作为领导者,我们要多留意那些形象鲜明而又独特的事物,以此来描述我们内心的景象,使其突出。

总之,在故事的中间部分,领导者一定要为听众营造景象！景象就好比你每天需要呼吸的空气，是无须付费的，如果你能把它点缀在你的故事中，那么，既能欢愉别人，也能提升自己的影响力。

以提问结尾，引导听者思考

人们都了解开场对于领导讲故事的重要性，也深知中间部分的强化作用，但似乎很少有人愿意在结尾上雕琢更多。如果仅仅是轻描淡写地草草收场，结果可想而知：费尽口舌发表的长篇大论很快就被人们遗忘。要想使人记忆深刻，结尾必须像开场一样气势磅礴，掷地有声。故事的结尾必须要提出你的诉求，只有这样，才能做到首尾呼应，才能达到你讲故事的真正目的。因此，我们要明白的是，对于讲故事来说，也要有始有终，不能虎头蛇尾。

乔治·福·詹森是大安迪柯–詹森公司的总裁，同时也是工业家兼人道主义者。尽管他并不是专业的演说家，也从未想过用什么华丽的辞藻和精致的诗句来演讲，但在企业管理中心，他确实是一个能让听众笑，也能让听众哭，并让大家对他的话牢记不忘的领导。他演讲的秘诀之一就是要有一个精彩的结尾，他明白，要想让自己的演说达到余音绕梁的目的，就要让演讲内容合情合理地往前推进，最后逐步得出结论。

其实，对于任何形式的讲话来说，结尾都可以算得上是最具战略意义的部分。而对于致力于提升自己讲故事能力的人来说，他们往往在这一方面做得不尽如人意。要知道，当一个人马上要结束自己的发言时，他在最后所说的那几句话，说得是否有力，将会影响到整个中心思想在听众脑海中的记忆长久性。为此，领导者可以这样结束故事：

1. 总结主题

领导者讲故事，总是有一定的主题，在你讲完一个慷慨激昂的故事之后，可以用极其精练的语言，简明扼要地对自己阐述的思想和观点作一个高度概括性的总结，以起到突出中心、强化主题、首尾呼应、画龙点睛的作用，这就是总结式结尾。

事实上，我们看到的更多的是，对于很多只有五分钟的小故事，一些讲话者也会在自己没有意识到的情况下将范围覆盖得很广泛。而到了结束的时候，他们的主要论点还是没有清楚地传达给听者，导致听者对其主题思想不甚明了。

一般只有很少的讲话者注意到了这个问题。大部分人都错误地认为，观点在他们的脑海中已经十分鲜明了，那么在听者来说也应该是同样清楚才对，但事实呢？当然不是如此，你所说的任何一句话对听者来说都是新鲜的，他们在事先并不和你一样经过深思熟虑，所以，这些观点就好像你丢向他们的弹珠，有的可能真的丢到了听众身上，但是大部分还是掉在了地上。听众可能会"听到了一大堆的话，但是没有一句能记在心里"。

接下来这一演说的演讲者是来自芝加哥一家铁路公司的交通经理：

各位，总结起来，根据我们在自己内部操作这套信号系统得出的经验，也根据我们在东部、西部、北部使用这套机器的经验，我们得出的结论是，它操作简单、准确。另外还有，它在一年内能通过阻止撞车事件发生而节省下一大笔金钱，因此我们迫切地建议：立即在我们的南方分公司采用这套机器。

此处，这段演说词的成功之处不言而喻，我们完全可以不必看之前的部分演讲，就能从这段话中感受到整个演讲的中心观点，用几个简单的句子，他就总结了整个演讲的全部重点内容。

2.重述开头

重复式的结尾方式是强有力的——非常清晰，并且能够在讲话中创造出一种节奏感，维持演讲者与听众之间的联系。因此，我们可以说，这是一种安全、自然的结尾方式。

我们可以在讲话中运用以下这些收尾话术：

"我已经说过，同事们，你们是全公司最优秀的团队。每年，你们都作为公司最优秀的员工站在领奖台上，你们已经无数次向其他人展示怎样才能取得优异的成绩。我很高兴，也很

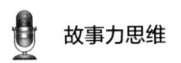

荣幸能够和你们一起走向成功。"

"可见，我们必须学习一些新软件的操作方法，以便接受并掌握总部所投资的新型的顾客数据库系统。"

"说实话，我们现在不得不改变我们为顾客服务的方式，为那种逐一追踪的销售模式画上一个句号，并创造一个新的系统，让我们随时了解生产线上每一产品的情况。"

"我请求你们接受管理方式上的转变，并祝贺与支持詹妮弗升任我们的区域销售总监。"

虽然这并不是一种别致、激动人心的结尾方式，但它不仅能帮助你重申故事主题，还能帮助你巩固信心，特别是当你振奋精神，使你所说的最后几句话具有了一种像音乐一样的旋律时，这种结尾方式对你最为有利。

3. 请求听众有所行动

在希望促进听者行动的讲话中，当你说到最后几句、讲话结束时间已到时，就要立即开口提出要求，比如，要听众去参加社会募捐、选举、购买、抵制等其他任何希望他们去做的事。当然，这也需要遵从几点原则：

（1）提出的要求要明确。别说："请帮助红十字会。"这是含糊不清的请求，而应该说："今晚就请向某某慈善活动的账户中打入一元钱吧。"

（2）要求听众做能力之内的反应。别说："让我们投票反对'酒鬼'。"这不可能办得到，眼下我们并未对"酒鬼"进行投票。不过，你却可以请求听众参加戒酒会，或捐助为禁酒奋斗的组织。

（3）尽量使听众容易根据请求而行动。不要对听者说："请写信对某某政策提出建议吧。"绝大部分的听众是不会这么做的，原因多种多样，要么是他们不会有如此强烈的兴趣，要么是他们觉得麻烦，要么是他们根本就不记得。因此，你的请求要让听众听起来觉得简单易行才可以，比如，让大家在某政策的建议后签上自己的名字。

总之，讲故事和所有形式的讲话一样，一定要有头有尾，最好做到首尾呼应，这样，不仅照应了整个讲话的开头，还升华了讲话的主题。

PART 3
第三部分

巧用故事力思维：用故事管理

第8章 认真倾听，倾听是为了讲出更好的故事

> 作为领导者，提升讲故事的能力，是提升管理能力的重要方面，然而，讲故事毕竟是"讲"的范畴，领导者还需要学会"听"。"听"与"讲"同样重要，因此，领导者也应培养倾听的习惯。要知道，上下级的沟通充满了变数，因而既复杂又具有挑战性，而倾听是成功沟通的一个关键因素。"倾听永远凌驾于说之上"，领导者不要去做开口就叽叽喳喳的鸟儿，而要学会做一个智慧的听者。

好的沟通从倾听开始

人们在工作和生活之中每时每刻都进行着沟通，从事管理的领导者也是如此，但对于沟通的真正定义，并不是所有的领导者都能领悟，而善于运用沟通的技巧，并能够进行有效沟通的领导者可能更少。生活中重要的一条沟通技巧就是倾听，可以说，倾听是沟通的开始。关于这一点，有个著名的威尔德定理，由英国管理学家威尔德提出，他认为：人际沟通始于聆听，终于回答。

的确，几乎任何交流中，人们忽视的问题都是倾听。因

此，作为一名领导者，无论是与下属还是上级沟通，无论沟通的场合是严肃还是轻松，在你开口前，请记住一定要多听，只有倾听，才能为你在回答问题时提供更多的信息。当我们养成倾听的习惯时，就必然会了解我们的员工的问题、挫折以及需求。同样，只有能认真听取下属的意见，你才能很快建立一支高效能的队伍，并且，这样的高效还能持久。

而事实上，有相当一部分管理者还是抱着古板的沟通观念和习惯，他们认为，作为下属和员工，听从自己的意见和指令都是理所当然的事，于是，他们经常会这样说："我说了这么多了，你们觉得我的观点怎么样？"此时，可能根本没有人愿意回应他的话，这是为什么？因为他没有意识到倾听才是沟通的开始。

我们之所以有两只耳朵一张嘴，就是因为我们需要少说多听。如果我们总是张着嘴说话，我们学到的东西肯定非常有限，了解到的真相也会少得可怜。

因此，一位管理者要成功，很有必要先听听自己的职员都在说什么，多听听他们的意见和建议，对你的管理工作会相当有益。

那么，具体来说，在管理工作中，作为领导的你该如何运用倾听这一艺术呢？

1.使用身体语言表达你正在倾听

对此，你需要注意的是：

不要忘记点头，这是你正在听的证据；

身体面向说话者；

与对方的目光进行交流；

表情平和，不要不耐烦。

2.复述

倾听的时候，你需要偶尔重复说话者所述说的内容。这样做的好处在于不仅表达了你曾认真听了对方的话，同时还获得了一个更清楚的理解。

比如，当你的同事告诉你："真可惜，你没参加昨天的会议，太有趣了。"作为倾听者，你应该反问道："是吗？会议上有什么有趣的事情？"然后倾听他继续说下去。

3.发问

倾听不仅仅是带着耳朵听，还需要有语言的交流，发问在倾听中起到的就是一种信息反馈的作用。

比如，当你的下属需要请教你工作上的难题时，你可以先询问他的想法，此时，你要做的是看着他的眼睛，并以这样的发问方式开始："能告诉我，你是怎么想的吗？"先这么说一句，然后再倾听。

当然，在对话过程中，发问的技巧很重要。对不同的人，可提出不同的问题。

对于大多数领导者来说，要想发挥好倾听的力量，上述几个方面已经足够使用了，只要能灵活运用就可以获得最佳效果。

有价值的信息都是从倾听中获取的

沟通是双方通过语言或非语言来交流思想感情的过程，因此，在沟通过程中，不仅需要我们说话，也需要我们适当地倾听，彼此之间是否能建立有效的沟通，就在于你是否悉心倾听了。领导者要明白，良好的倾听会为你捕捉到许多有价值的信息，而这些信息将决定你是否能较好地管理下属。但是，有的领导自恃无所不能，所以在很多场合说话时刚愎自用，甚至目中无人，丝毫不理会他人的想法。他们习惯在公共场合说大话，表现得极其自负，这样的领导者，没有办法捕获到有价值的信息，也无法与他人之间建立有效的沟通。

有一位国企的领导，在谈到自己的人生经历时说道："无论在什么情况下，都要学会倾听。当年像我这样的基层干部，全公司有近百人，而现在只有我和另外一位领导硕果仅存，其他的都被淘汰了。为什么那么多领导不能与时俱进，不能享受公司的丰厚收入，而我们能走向成功？一句话，就是善于倾听，善于从听的过程中捕获到有价值的信息。"作为领导，不仅需要倾听下属的意见，也需要用心倾听上级的吩咐，而且，在听的过程中，并不是听到的什么就是什么，而是要懂得筛选话语中的信息，将那些毫无价值的信息剔除，只采纳有价值的信息，这样，你才能了解说话者，从而与之建立有效的沟通。当然，领导者要学会倾听，更应该抑制自己的刚愎自用，否则，即使获取了有价值的信息，也难以令其发挥作用。

20世纪80年代，我国曾与突尼斯SIAP公司的商务代表就关于在我国兴办化肥厂的有关事项进行谈判。中突双方都非常重视这个建设项目，双方完成了可行性研究报告，经有关人员的反复论证，选择了具有优越港口条件的秦皇岛市作为建厂地点。可行性研究报告刚刚结束，科威特石油化学公司得此消息，便立即表态，愿参与此项目，与中方合资办厂，并派出了谈判代表。

可是，出乎意料，在谈判一开始，对方听了我方介绍完该项目的前期工作，就断然表示："厂址选在秦皇岛不合适，你们所做的一切工作都是毫无用处的，要从头开始！"这话无异于晴天霹雳，代表们一时难以提出反驳意见，谈判陷入僵局。我方几位代表沉默了，一会儿，一位代表猛地起身发言："我们为了建设这个化肥厂，安置了……看来这事项要无限地拖延下去了，那我们也只好把这块地让出去！对不起，我还有别的事情需要处理，我宣布退出谈判，今天下午我等候你们最后的决定！"三十分钟后，情势急转直下，对方表态："快请代表先生回来，我们强烈要求迅速征用秦皇岛的厂地！"

在这个案例中，我方代表通过"倾听"，捕获了有价值的信息：对方不敢真正地舍弃秦皇岛这个占据优势的地理位置。于是，在获取了这个信息之后，我方代表假装毫不在意，"那我们只好把这块地让出去了"，一下子击中对方要害，令其不得不答应我方的要求。其实，那些隐含在话语背后的有价值的信息，都是通过认真倾听"听"出来的。

领导说话切忌刚愎自用、目中无人，这样只会使自己陷入孤立无援的境地。人们常说，"一山更比一山高""强中自有强中手"，不要过分自负，那样只是给自己的生活酿造了一杯苦酒，最终自食其果。领导说话，不要目空一切，要慎重地对待每一个人的想法和观点，不能只看重自己的能力，而不去详细分析别人的情况，就妄加猜测说"不足为虑"，这样只会导致自己因为大意而失败。

那么，作为领导，该如何倾听才能获取更多有价值的信息呢？

1.常听兼听

大多数领导习惯了唯唯诺诺之声、赞美之声，而对于下属的心声却是置若罔闻。有的领导对下属只是敷衍应付，听意见也是做做样子，这样无疑会破坏上下级之间的有效沟通。所以，对于领导者来说，只有常听、兼听，而且，还需要多听刺耳逆耳之言，少听唯唯诺诺之声，才能对某些事情有较为完整、科学的认识，从而做出正确的决策。

2.与下属多交流、多沟通

俗话说："知屋漏者在宇下，知政失者在草野。"要倾听下属的心声，就需要多与下属接触。如果领导长期足不出户、端坐在办公室，可能就没有时间、没有心思去听下属在想什么。在日常工作中，领导应多与下属亲近，与下属打成一片，推心置腹，才能真正"听"出他们的呼声与愿望，发现自己工作中的不足，进而加以改善。

会倾听才能讲出别人爱听的好故事

前面我们已经分析过讲故事对于企业领导者管理的重要性，然而，讲故事并不只是在"讲"，还需要"听"，只有耐心倾听，才能了解他人心中所想，才能对症下药地讲故事。

可以说，倾听，是领导者的一项重要工作。是否善于倾听，将直接反映领导者的水平和管理能力。自古以来，在官场就有着"言能进，道乃进"的执政理念，意思是说，只有能够听得进下属的意见，才能使自己的工作得到不断地完善。因此，领导者要广泛倾听下属的意见和建议，才能有效地管理下

第8章 认真倾听，倾听是为了讲出更好的故事

属，更好地完成工作。

作为领导者，只有注重并善于倾听下属的意见和呼声，才能从下属中汲取智慧和力量，为实施政策打下良好的基础，从而真正做到扎扎实实、全心全意为下属服务。人心向背是决定一个企业兴衰成败的根本因素，作为领导者，要想赢得人心，就要倾听下属的心声、下属的心意。心声并不在书本上，也不在企业里，而在下属的心里，了解下属，最有效的途径就是倾听对方的言论。

其实，倾听本身也是好口才的一部分，它更注重收集信息，而只有充分收集信息，才能将故事说得更恰到好处。

很多领导在自己潜意识里有一种优越感，觉得自己地位比别人高，年龄也比别人大，因此比别人有经验，比别人懂得多，所以，在日常工作中，他们拒绝倾听任何人的意见。当然，我们不否认，领导在见识、眼光、韬略上自有他的过人之处。但在某些时候，你的一些观点、想法明明是错误的，但是自认为资历很高，拒绝听取他人的意见，这样往往会铸成大错。

有一天，唐太宗升朝议事，他端坐在龙座之上，双手轻按龙座扶手，神态庄严、威武，两边侍者大气不敢出。他轻轻咳嗽一声，问大臣："众爱卿，你们中的许多人都是能言善辩的宿儒，为什么上朝议事，却总是慌慌张张，甚至颠三倒四呢？"

魏徵深知个中缘由，便上前一步，毫不客气地奏道："皇上，你形象威武，上朝又总是神态严肃，气势咄咄逼人，加之朝廷气氛森严，所以为臣的才那么慌张。皇上以后临朝，宜稍减龙威，最好放下皇帝的架子，对大臣和颜悦色。这样，大臣们发言讲话就会自然了。"

唐太宗有些暗中得意，又有些难堪；但转念一想，又觉得这种肺腑之言难得，不便发作。于是，他将计就计，想用近来萦绕于胸的问题难一难魏徵。

"爱卿之言提醒了我。近来，我一直在思考古人常议论的'明君''暗君'的问题。你对这明、暗之别，有何高见呢？"

魏徵胸有成竹，缓缓上前，应声答道："陛下，作为万民之主而能兼听各方面的意见，则为明君。偏听一方意见，甚至偏信小人的意见，则为暗君。像隋炀帝那样的君主，就是暗君。只有明君，办事才能不出差错，赢得万民拥戴；而暗君，必定落得个身死名裂，亡国灭族的下场。请陛下慎之。"虽然唐太宗听到这样的话有点不舒服，但还是决定听从魏徵的劝谏。

唐太宗是历史上著名的皇帝，而其之所以在历史上有那么大的名气，最关键的原因就是他懂得倾听下属的意见，哪怕是面对魏徵这样敢于直谏的人，唐太宗也耐住性子，耐心倾听，因此，才有盛唐的繁荣时期。

当然，讲故事之前的倾听并不是那么简单的，讲好故事，不仅要求我们用耳朵去听，更要用心去揣摩。那么，在倾听过程中，我们应该注意哪些问题呢？

1.要耐心听完

有时候，下属的谈话可能是与心情有关的事情，可能会比较零散或混乱。这时要有耐心听完下属的话，如果你自以为是地去理解，去提出意见，就会产生不好的效果。

2.引导性提问

在倾听的过程中，可以通过引导性提问，让下属继续说你需要了解的部分。比如，"后来发生什么事情了？""为什么会出现这样的情况呢？"

3.不要随意打断下属的谈话

下属的诉说是一个自然过渡的状态，因此，在倾听时不要随意打断下属的谈话，也不要借机把谈话主题引到自己的事情上，随意加入自己的观点作评论等，这都是不尊重下属的表现。

4.不要胡乱猜测或者争着抢答

面对下属正在诉说的事情，领导者不要胡乱猜测或者争着抢答，这样会打乱下属的思路，不利于他继续说下去，应该让下属自然过渡到你需要了解的部分。

有时候，最有价值、口才最好的人，不一定是最能说的人。我们有两只耳朵一个嘴巴，本来就适合"少说多听"。善于倾听，是一个卓越的领导应具备的最基本的素质。作为领导，要想处理好与下属之间的关系，练就一副好口才，很大程度上在于能够保持一种倾听和沉默的态度。有时候，话太多并不是一件好事，而沉默往往更有效果。

倾听中的反馈也很重要

英国管理学家威尔德有一句十分经典的话："人际沟通始于聆听，终于回答。"在沟通过程中，一问一答之间可以使人受益无穷。沟通，本是有各自角色的一场演出，有说话者，就应该有听者，要知道，没有听众参与的说话不过是一段独白或梦而已。自然，作为听者，应该积极参与到谈话的过程中。但是，假如对方正在说，我们又该如何说话呢？事实上，好的听者会及时给予对方准确的回应，适时反馈一些言语，表示自己正在认真地倾听。比如，一位领导正在听下属抱怨公司福利待遇很差，但说了很久，领导一直没吭声，直到下属闭了嘴巴，领导才敷衍了一句："说完了吗？说完了就走吧。"如此的言语"反馈"，会令下属感觉很受伤，原来自己刚才所说的话，领导根本没听，甚至觉得自己的说话是噪声，一旦下属心里有了这样的想法，肯定会影响上下级的关系。因此，作为领导，无论你的工作有多忙，或者心里有多么不在意，但在倾听他人讲话的过程中，一定要履行"听者"的义务，那就是及时地反

第8章 认真倾听，倾听是为了讲出更好的故事

馈信息给对方，表示你正在认真地听着。

但是，在现实工作中，不少领导在听下属讲话的时候，听着听着，自己却成了讲话中的主角。究其根源，在于其反馈的言语过多，而打乱了说话者本来的思路，在不知不觉间，听者开始成为话题的主角。其实，作为听者，适当地反馈信息是必要的，这样可以提高听者的位置，但是，如果你所反馈的言语过多，自然会令说话者心生厌恶。所以，在倾听别人谈话的过程中，切忌插话，尤其是抢话，如果你对其中某部分的阐述有疑问，那也等对方说完了再提问，而不是无礼地抢过对方的话头，让自己成为说话者。在倾听过程中，要及时、准确地反馈一些言语给说话者，可以说一些赞同的话、肯定的话，或者用简短的话概括出说话者的中心话题，这表示自己已经理解了；或者向说话者提问，引出说话者想说的话，促成一次良好的沟通。

罗先生是一个很受欢迎的人，他常常会接到不同的邀请，而在各种社交场合，他都能和大家打成一片。朋友林先生十分敬佩他，不过，他始终没能找到罗先生受欢迎的秘诀。

有一天晚上，林先生参加一个小型的社交活动，一到场他就看见了罗先生和一个气质高雅的女士坐在角落里。林先生发现，那位年轻的女士一直在说，而自己的朋友罗先生好像一句话也没说，只是偶尔笑一笑，点点头。回家的路上，林先生忍不住问道："刚才，那位年轻的女士好像完全被你吸引住了，

你是怎么做到的？"罗先生笑着说："刚开始我只是问她：你的肤色看起来真健康，去哪里度假了吗？她就告诉我去了夏威夷，还不断称赞那里的阳光、沙滩，之后顺理成章地，她就开始讲起了那次旅行，接下来的两小时她都一直在谈夏威夷。最后，她觉得和我聊天很愉快，可是，我实际上并没有说几句话。"

罗先生是如此高明的"听者"，也无怪乎他那么受欢迎。在被朋友问到自己受欢迎的秘诀时，罗先生说："她觉得和我聊天很愉快，可是，我实际上并没有说几句。"他正是仅用寥寥数语及时而准确地反馈了信息，既表明自己是在认真听，又能够调动说话者继续说下去的欲望。

反馈效应是指向诉说者反馈自己的尊重与关注，这会使诉说者感到自己的谈话在他人心里很重要，在一定程度上起到了正强化作用。心理学家通过大量研究发现，每个人都喜欢和尊重自己谈话的人沟通。在倾听过程中准确地反馈会激励诉说者继续说下去，对他有着极大的鼓舞。当然，不准确的反馈则会让诉说者感到被冒犯，不利于谈话进行。

有一次，乔·吉拉德拜访了一位有趣的客户。一开始，客户就喋喋不休地谈论起自己的儿子，他十分自豪地说："我的儿子要当医生了。"乔·吉拉德惊叹道："是吗？那太棒了！"客户继续说："我的孩子很聪明，在他还是婴儿的时候，我就发现他相当聪明。"乔·吉拉德点点头，回应道："我想，他的成绩非常不错。"客户回答说："当然，他是他们班上最棒的。"乔·吉拉德笑了笑，问道："那他高中毕业后干了什么呢？"客户回答："他在密歇根大学学医，这孩子，我最喜欢他了……"话匣子一打开，客户就聊起了儿子在小时候、中学、大学的趣事。

第二天，当乔·吉拉德再次打电话给那位客户时，却被告知他已经决定在自己手中买车，而客户的原因很简单，他说："当我提起我的儿子吉米有多优秀的时候，你是多么认真地听。"

认真的倾听使乔·吉拉德打动了顾客，赢得了一份订单。细看乔·吉拉德在倾听中的表现，他只是用简单的几句话表达了自己的想法与意见，诸如"是吗，太棒了！""我想，他的成绩非常不错""那他高中毕业打算干什么呢？"如此打开了客户的话匣子，在客户每说一段话之后，乔·吉拉德都会肯定几句或是提问题，让客户觉得"他是多么认真地在听"。如此可见，倾听是一种交流，更是一种亲近的态度，只有倾听才能领略别样的风景，只有倾听才能真正地走进对方的心里。

那么，我们怎样才能做好倾听呢？

1.重复对方的意见

在倾听过程中，你可以适当重复对方的意见，比如"你刚

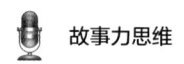

才的意思或理解是……",这样会激励对方继续说下去。

2.及时查证自己是否了解对方

在谈话过程中,你可以说"不知我是否了解了你的话,你的意思是……"一旦确定了自己对他的了解,就需要给予积极、实际的帮助和建议。

3.避免不良习惯

当然,反馈并不是开小差,也不是随意打断别人的话,更不是借机把谈话主题引到自己的事情上来,不是任意提出自己的观点并作出评论和表态等,这都是不准确的反馈,效果会适得其反。

4.非语言反馈

非语言反馈包括点头、微笑,在倾听过程中,适时地微笑与点头,会让对方感到你对他的谈话很有兴趣,对方就会愿意与你交谈并对你留下很好的印象。

倾听有道才能言之有物

孔子曾经说过:"知之为知之,不知为不知,是知也。"作为领导,对于文化知识和其他社会知识,都应该保持虚心的态度,随时倾听他人的意见和观点,这样,你才能掌握更多的有用信息,也才能在开口时"言之有物"。说话就像是倒水,必须壶里有水才能倒出来,领导者讲话和讲故事都是这个道理。不善于倾听他人的意见,又怎会肚里有货呢?肚里空空如也,又怎会言之有物呢?

在日常工作中,经常看见一些拒绝倾听,但却不懂装懂的领导,他们在讲话的时候,连那些极为简单的事情,都要咬文嚼字地卖弄一番,看起来好像很精通大道理,实际上却是什么都不懂,又不善于倾听。在很多场合,他们为了表现自己"高人一等",不得不做出一副什么都懂的样子,于是下属纷纷向他们请教,而他们害怕自己露馅,不得不绞尽脑汁来应付这些"慕名而来"的人。时刻活在虚荣的世界里,还要编造一些自己丝毫不熟悉的内容去敷衍他人,其中的苦是说不出来的,只有往自己肚里咽。

战国时期,一位君王曾下过一道求谏旨令:"群臣和百姓能当面指责寡人之过的,受上赏;上书规劝寡人的,受中赏;能在公共场合议论寡人的过失而被我听到的,受下赏。"这道旨令一下,收到了极好的效果。一年之后,人们想再进直言,已无话可说了。而这个国家在很长一段时间内,国泰民安,社会稳定。作为领导者,更应该秉持兼听则明的原则,因为倾听,能让你了解更多关于下属、关于企业的信息,掌握这些信息,就能找到最佳的管理策略。然而,我们常听到不少领导者抱怨:"每次说话都是那么几句套话、官话,我都厌烦了,老想说一些言之有物的话,但却不知道该说什么。"其实,你们可以反思自己的行为,是否自己听少于说呢,又或者,是否尚未掌握倾听的技巧呢。因为,对于领导者来说,要想说话言之有物,应注重倾听有道。

徐先生是一位小型杂志社的社长,他不管是什么场合都喜欢装腔作势,有时候甚至故意降低自己的声调来表现庄重的样子。平时,他总是到处吹嘘自己的无所不知,这种姿态让人觉得他好像在做自我宣传。许多下属发现他说错了话,会小心地指出其错误,可徐先生从来不听,也不愿意接受,他固执地坚持自己的想法。

在杂志社的每次例行会议上,他都故意装腔作势,夹着很多的暗示性话语或英语来发表"高见",但他还是得不到别人的认同。他所出版的刊物,总是被人批评为现学现卖、肤浅的杂学之流,这是因为他对任何事都喜欢进行评判。当他一开口说话,下面的员工就说:"天啊!他又要开始了。"然后便十分痛苦地忍着,听他"大放厥词"。

本来徐先生什么都不知道,却硬要装出一副什么都知道的样子,当然会被人看作虚张声势的伪君子。更要命是,这样一个不懂装懂的人,却拒绝倾听下属的意见,如此之人,嘴里自然说不出什么言之有物的话来。

的确,我们强调,领导者讲故事,是领导者管理能力的重要方面。然而，领导者讲故事，也只有"言之有物"，才能给下属提供尽可能多的有价值的信息，让人觉得听有所获，而不是感觉浪费时间。

领导讲的故事内容要有知识性、充实具体、言之有物，而要做到这一点，除了在开口之前要做细致的调查研究，还需要领导在私底下善于倾听下属的话，将下属的意见综合起来，提炼出自己的想法，如此，你才能说出一些让下属认为"比较高明"的意见。

那么，如何才是倾听有道呢？

1.用心倾听

在我们身边，每个人都是一个独特的世界，都是一道亮丽的风景。要想领悟风景背后的奥秘，只有用心。倾听别人，不是用耳朵，而是用心，心若不到，满耳都是噪声。所以，领导在倾听下属或其他人讲话的时候，需要用心倾听，这样，你才能获取更多的信息。

2.用脑倾听

在倾听的时候，还需要用脑，善于分析下属所说的话，判断对方真正想说的是什么，真正想要的是什么，他在话题中回避了什么，什么时候是真情流露，什么时候是欲言又止。听下属说话，你需要通过其话语找出其心中所隐藏的。不喜欢思考的领导者是做不好听众的，因为真正的深意常在语言之外。

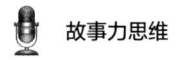

3.用脸倾听

有时候,同样的一句话,伴随不同的表情就会表达出不同的含义。下属在说话的时候,同时也在用表情、声调、手势去诉说。而领导作为听者,虽然没有说话,但他的眼神、嘴角、下巴却透露了许多信息。好的听众应该是一个积极的参与者,在倾听时,你也应通过你的表情、眼神等,去影响整个交流的过程。

4.用嘴倾听

领导在倾听时,自然有说话的权利。虽然,在某些时候,插话抢话会令说话的人不悦,但恰到好处的插话却是令人欣喜的,诸如赞同的话"对""确实如此""你说得太好了""太精彩了"等,这些都能很好地提高领导倾听的效果。

第9章 用思维的故事，强化员工意识

> 在今天的商业环境中，任何一个企业想要发展，都需要每个人发挥主人翁精神，无论是一线工人还是最高管理层都要积极发挥自己的学问、思想、能动性以及创造力。任何一个优秀的管理者都应懂得充分将权力分出去，使员工以主人翁的态度为企业创造价值。杰克·韦尔奇有一句经典名言："管得少就是管得好。"现代企业管理对管理者已经提出了一个更高的要求——有效授权。那么，该如何做到有效授权呢？在本章中，我们将会阐述在权力下放中如何讲故事，分析如何通过小故事授权工作。

讲一个故事为企业"瘦身"铺路

中国人常说："一个和尚挑水喝，两个和尚抬水喝，三个和尚没水喝。"其寓意是：办一件事，如果没制度作保证，责任不落实，人多反而办不成事。三个和尚为什么没水喝？因为三个和尚有同一种心态，即都不想出力，想依赖别人，在取水的问题上互相推诿，结果谁也不去取水，以致大家都没水喝。其实，三个和尚也可以有水喝，只要稍加组织，订立轮流取水的制度，责任落实到人，违者重罚，这样就有水喝了。同样，在现代企业中，如果企业人员冗杂，那么，管理者不仅要做到责任到人、人尽其用，而且最好为企业"瘦身"，这样就能避免资源配置不合理的现象，而在此之前，作为管理者的你，最好给下属和员工一个理由——为他们讲个故事。对此，我们不妨先来看下面一个管理故事：

有一位企业总裁，因为公司冗杂人员太多，他和董事会商量，决定裁一批工作效率低下的员工，为此，在公司大会上，在提出这一决定之前，他为大家讲了一个故事：

有一家企业，想要提高生产效率，欲淘汰一批落后的设备。

于是，董事会一些高层领导开会商议。

有人说："我们不能扔掉这批设备，应找个地方存放。"于是专门为这批设备建造了一间仓库。

又有人说："我们不能完全依赖防火栓，万一真的起火了，就麻烦了。"于是找了个看门人看管仓库。

还有人说："看门人没有约束，玩忽职守怎么办？"于是又委派了两个人，成立了计划部，一个人负责下达任务，一个人负责制订计划。

接下来，又出现了一些其他的声音。

"我们应当随时了解工作的绩效。"于是又委派了两个人，成立了监督部，一个人负责绩效考核，一个人负责写总结。

"不能搞平均主义，收入应当拉开差距。"于是再次委派了两个人，成立了财务部，一个人负责计算工时，一个人负责发放工资。

……

一年之后，董事会说：'去年仓库的管理成本为35万元，这个数字太大了，你们一周内必须想办法解决。'于是，一周之后，这些人都被解雇了。

此处，这位企业总裁是明智的，直接提出裁员决定，员工可能感到突兀，而先讲一个故事，让员工了解原因，接受起来会更容易。

另外，从这个故事中我们也能看出，现代企业往往会有机构繁杂、人员冗杂、效率低下、管理不严的现象，企业运作起来十分繁杂。企业繁杂只会使企业失去灵活性，无法随时应对市场变化调整策略，竞争力也不足。

对于这类冗杂的企业，领导者需要为其"瘦身"，汤姆·彼德兹曾经在一本书中提到了"五人规则"，指的是营业额在10亿美元的企业配备5名管理人员就可以了。管理者要想减少工作时间和成本，就必须做到精兵简政，减少不必要的管理人员。

美国通用汽车公司总裁约翰·史密斯说，通用汽车在欧洲的事业取得成功，是因为他改变了以往的做法，采取了类似精

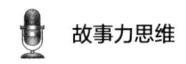

简"瘦身"的做法。

除了为企业"瘦身"之外，作为企业管理者，如果想提高员工的工作效率，避免出现一些责任推诿的现象，还应该从明确责任开始，采取实际行动，必须要做到：

1.建立规范，细化责任

领导布置的任务，有时候，并不是一个下属去完成，在布置任务时，管理者一定要责任明确，不能有重叠的部分。

要做到这一点，管理者可以通过订立严格的管理制度的方法，规范员工的行为。这样，每个岗位上的员工都能清楚自己的任务，该干什么，该怎样干，该向谁汇报工作等。

建立合理的规范，员工就会在规定的范围内行事。

2.不应干涉员工完成任务的方法

作为管理者，你的工作就是分配任务，然后关注员工完成的结果，而不是干涉员工完成任务的方法。简单来说，你只需告诉员工要做什么和要达到怎样的结果，而下属采用何种方法则由他们自己去决定。

真正的授权便是着眼于目标，并给下属完全的自由。实际上，员工对于如何达到工作目标是有自己的想法的，让他们自己做出选择，才可以增进你与员工之间的信任。

3.允许下属参与授权的决策

每一项权力在授予的时候，就应该与限制相伴而生，领导者对下属下放权力时，应该把权力范围限制在这一项任务上，而不是无限制。

那么，下属完成这项工作需要多大的权力又该如何衡量呢？最明智的举措便是让下属参与到这项决策中来，让员工自己给出意见。但你必须注意，人们都希望自己的权力越大越好，但实际上，这会降低授权的有效性，此时，管理者的把关就显得更为重要了。

4.允许失败

任何人的成长、成功都离不开挫折与失败，作为你的下属，也只有在失败中，才能得到锻炼的机会。因此，作为管理者，不要因为员工失败就处罚他们。作为当事人，员工此时已经深感愧疚和难过了，你应该更多地强调积极的方面，鼓励他们继续努力。同时，帮助他们学会在失败中进行学习，和他们一起寻找失败的原因，探讨解决的办法。批评或惩罚有益的尝试，便是扼杀创新，只会使员工不愿再进行新的尝试。

总之，作为企业领导者，要想铲除这种人员冗余和工作效率低下的现象，必须精兵简政，寻找最佳的人员规模与组织规模。这样的话才能构建高效精干、成本合理的经营管理团队。

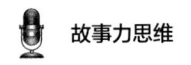

用思维的故事，强化员工的思考意识

前面，我们已经提及，在企业管理中，作为领导者，不但要提升自己的工作效率，更要提升员工的工作效率，那么，什么是效率呢？所谓效率，是单位时间内完成的工作量。然而，衡量我们做事成绩的，并不是效率，而是效能，效率、效果、效益是衡量效能的依据。也就是说，效能比效率要重要得多。实际上，管理真正要达到的目的是高效能。然而，我们经常看到的是，为了提高做事效率，不少领导者会为下属建立一套完备的时间管理体系，制订大量的工作目标、操作准则和行为标准，而事实上，员工的行为正是被这些所谓的规划约束了，工作效能才降低了。

海尔总裁张瑞敏说："我感觉在企业里最难的工作就是把复杂问题简化，如流程再造就是简化流程。但为什么做起来很难？关键是领导！领导只要看不到问题的本质，就简化不了流程。就事论事，会越办越复杂。"原通用电气董事长兼CEO杰克·韦尔奇先生曾经就管理问题提出一点："管理效率出自简单。"张瑞敏和杰克·韦尔奇先生的这两句话不仅适用于管理工作，更适用于人类的思考活动。

因此，作为领导者，提升员工工作效能的关键是鼓励员工简化工作，做到化繁为简，摆脱传统思维的限制，这样才能一针见血找到问题的关键。这一点，我们可以通过在日常工作中为下属讲述思维的故事，让下属明白，在工作中多思考，比盲目工作效能更高。

在上海，有一家科技公司，公司虽然产品质量过硬，但是却一直销路不佳，公司几位销售部门的负责人很苦恼，为此，他们只好求助于公司总裁。

这位总裁是一位年轻海归，在听了他们的汇报之后，不急不慢地说："我之前在日本留学，在日本，有一家SB公司，生产的产品是咖喱粉。一段时间以来，这家公司的产品滞销，公司的经理一个个都'下了课'，连续换了三任经理。受命于危难之中，第四任经理田中走马上任。他意识到公司的产品卖不出去的原因是顾客对SB公司的牌子很陌生，很难注意到有这种产品。由于没有足够的资金，大量做广告是不现实的，但是如果不拼死一搏去做广告，那也无异于坐以待毙。

"经理田中终于想出了一个巧妙的方法……

"几天之后，日本的几家大报，如《读卖新闻》《朝日新闻》等刊登出了这样一条广告：

"SB公司专门生产优质的咖喱粉，为了提高产品的知名度，今决定雇数架直升飞机到白雪皑皑的富士山顶，然后把咖喱粉撒在山上。从此以后，我们看到的将不是白色的富士山，而只能看到咖喱粉的颜色了……

"在日本，富士山是一大名胜，不仅在日本人心目中，在世界人的心目中，富士山都是日本的象征。在这样神圣的地方，居然有公司胆敢撒咖喱粉？真是岂有此理！

"SB公司的广告刚刚打出，日本国内舆论一片哗然。很多人都知道这是SB公司故弄玄虚，但是对如此的言辞也是难以忍受，纷纷指责SB公司。本来名不见经传的SB公司，连续好多天在报纸、电视、电台等各种新闻媒体上成为大家攻击的对象。

"在一片舆论的声讨声中，SB公司的名声大噪。临近SB公司广告中所说的在富士山撒咖喱粉的日子前一天，原先发表过SB公司广告的报纸都刊登出了SB公司的郑重声明：

"鉴于社会各界的强烈反应，本公司决定取消原来在富士山顶撒咖喱粉的计划。

"反对的人们欢庆自己的胜利，田中和SB公司的员工们也在欢庆他们的胜利。这样一番折腾，全日本的人都知道有一家生产咖喱粉的公司叫SB公司，并且错误地认为这家公司是一家实力超群、财大气粗的公司。很多小商小贩都纷纷投到SB公司的门下，大力推销SB公司的咖喱粉，SB公司的咖喱粉一时间成了畅销产品。

"故事讲完了，那么，现在，三位，知道问题出在哪了吗？"

这三位销售负责人点了点头，很快联系了几家创意广告公司，因为他们知道解决产品问题的关键在于——提升产品知名度，很快，他们的努力见效了，公司随即接到了各大卖场的电话。

在这位总裁的故事里，我们不得不佩服这位田中经理的智谋，在接手这家公司后，他很快认识到问题的实质在于公司知名度不高，在广告费不充足的情况下，他一反正常思维，想出在富士山上撒咖喱粉的创意广告，因此，公司名声大噪。而总裁讲这个故事，也是想引导下属认识到公司所遇到的问题的关键所在。

的确，很多时候，一个好点子，花费不多，却拥有点石成金的力量。只有看到别人看不到的东西的人，才能做到别人做不到的事。灵活的头脑和卓越的思维为我们提供了这种本领，深入地洞察每一个对象，就能在有限的空间里，成就一番可观的事业。

卡曾斯说："把时间用在思考上是最能节省时间的。"这是一句非常有哲理的话。如果对一件事情分析认识得不透彻，就很难找到正确的方法，不能对症下药，自然就无法以最短的时间达到目的，可以说思考是调高效能唯一的捷径。为此，在工作中，领导者应该鼓励员工养成多动脑的习惯，从而以最快的速度解决问题。

同样，在第三产业逐渐发达的今天，只要能感觉敏锐，并能有的放矢地解决问题，那么，即使你没有足够的物质后盾，也能成功，也能获得财富。

而在管理工作中，领导者在向下属讲思维的故事时，需要传达以下三个方面的思想。

1.把握关键

这需要我们有敏锐的眼光，把握事物的关键，然后加以展开讲述，这样，就能做到故事有高度、有深度。

2.集约高效

真正高效的、简单的运作才是有意义的，因此，你需要把复杂的问题简单化，在多类矛盾中驾驭主要矛盾以提高效率。

3.简中求变

你必须学会不断创新，以适应激烈的职场竞争。

可见，领导者管理员工，不仅是督促下属努力工作，还要鼓励员工多动脑，多思考。头脑是一切竞争的核心，员工做事的效能如何，完全取决于他们的思维活动。作为领导，你可以在日常工作中通过讲故事的方法，不断强化员工的思考意识，从而帮助员工实现由"高效率"到"高效能"的转变。

以故事为引，激励下属高效工作

在职场，一些管理者工作努力，却不懂得如何提升工作效率。其实领导者的主要工作是对人的管理，领导者应找到自己的工作重心，节约时间和成本，提高工作效率。令我们失望的是，不少管理者在工作中总是谨小慎微、忙忙碌碌，他们以抄写发布的文书为重任，亲自去做那些微小琐碎的事情，干涉员工的工作，甚至不辞辛苦地去做员工的工作，以此夸耀自己的才能，却丢掉了那些重大的、长远的事情。实际上，这些人是不懂得管理之道的人，这样的工作方式多半也是效率低下或者无效率的。

身为管理者，高效工作的第一步就是学会授权。然而，在日常工作中，你是否发现，你安排的工作经常石沉大海，下属有时拖好长时间也不能把交代的工作处理好；要么下属总是做不好，需要你不断更正和指点。其实，员工工作效率低很大程度上是因为领导的授权工作没做好。任何一个管理者都要问自己一个问题："我的主要任务是什么？"曾经有人这样回答："我的工作是把最好的人才放在最好的位置上，将资金在最正确的地方上，作最佳的分配。我想大概就是这样：传递理念，分配资源，然后就可以撒开不管了。我的工作就是选出最棒的人，付给他们薪酬……"从前述回答，我们可以看出，公司管理层要学会授权，适当放权。一个优秀的管理者，如果能做到人尽其才，有效利用企业的人力资源，那么，这不仅能提升企业的竞争力，还能提高员工的工作效率。然而，对于员工效率问题，领导者又该如何解决呢？我们来看下面的故事。

袁洪是一家上市企业的主管，在下属眼里，他就是个"魔鬼"，因为他总是压榨员工，甚至希望员工们24小时为企业工作。但事实上，这些员工的工作效率并不高。

有一次，公司高层领导给袁洪所在的部门下达了一个任务，要求他们在五一节前策划出一个活动方案。对此，袁洪心想，这是一次在领导面前表现自己实力的大好机会。于是，他召集下属开会，让大家在三天内交出策划稿。大家都知道，他们又要昼夜不眠不休了。

三天后，策划稿出来了，但质量实在让袁洪不能接受。他百思不得其解，这么强势的管理下，怎么工作效率还是如此低下呢？

案例中袁洪的管理哪里犯了错误？很简单，在下达工作命令时，他并没有考虑到下属自身的因素，而是强势地让下属听命于他，这种工作状态下，员工们又怎么会高效率地工作呢？实际上，被尊重、被理解、被关心是人的基本需求，无论做什么工作，离开了对人的尊重、理解和关心，都不能取得好的效果。我们的员工也是如此，只有当他们感受到被尊重、被理解,才会对企业、对管理者充满感激,也才会主动、积极地工作。对此,领导者如果能在布置工作时运用讲故事的方法,让下属认识到如何合理规划工作任务,相信下属的工作效率一定能提高。

章成今年30岁,大学毕业后的他没有和其他同学一样找工作,而是向父母和亲戚朋友借钱开了一家广告公司,目前,他的公司蒸蒸日上,被很多老同学羡慕,最重要的是,他们发现,章成似乎不像那些民营企业老板一样忙得晕头转向,而是每天有大把的时间,好像他有神仙助手一样。对此,章成坦言:

"经营一家公司,不是你事必躬亲就能做好,而是要懂得合理安排时间和授权,每天的时间只有24个小时,只有抓大放小、把精力放到最主要的问题上,才能做好事,不至于让自己太忙碌。有时候,我早上去一趟公司,安排一下事情就走了,员工照样做的好好的。而对于员工管理,我也是经常抓他们的工作效率,公司会议上,我会讲一些小故事,让他们知道一天里应该主要抓哪些工作,告诉大家要分清事情的轻重缓急,另外,我会要求大家做工作计划表,让他们把工作内容也计划进去。

"我记得我讲过这样一个故事:

"一天动物园管理员发现袋鼠从笼子里跑出来了,于是开会讨论，一致认为是笼子的高度过低。所以他们决定将笼子的高度由原来的10米加高到20米。结果第二天他们发现袋鼠还是跑到外面来，所以他们又决定再将高度加高到30米。

"没想到隔天居然又看到袋鼠全跑到外面了，于是管理员们大为紧张，决定一不做二不休，将笼子的高度加高到100米。

"一天长颈鹿和几只袋鼠们在闲聊，'你们看，这些人会不会再继续加高你们的笼子？'长颈鹿问。'很难说。'袋鼠说，'如果他们再继续忘记关门的话！'

"我讲这个故事，是要告诉大家，事有'本末''轻重''缓急'，关门是本，加高笼子是末，舍本而逐末，当然就不得要领了。同样，我做管理也是如此，管理是什么？管理就是先分析事情的主要矛盾和次要矛盾，认清事情的'本末''轻重''缓急'，然后从重要的方面下手。"

章成的故事告诉很多企业领导，做好工作的关键在于规划、安排和管理，对于员工的工作安排也是如此。

总之，影响一个企业兴衰成败的因素固然很多，但归根结底无非是"人"的因素。企业管理者在交代下属工作时，为了提升效率，需要让下属掌握提升工作效率的方法，这些方法都可以通过讲故事让下属更好地领会。

第9章 用思维的故事，强化员工意识

用故事的感召力，赢得下属尊重

心理学上，人们把这样一种人格特质——神圣的、鼓舞人心的、能预见未来、创造奇迹的天才气质称为"感召力"，也称"领袖气质"。具有这种气质的人对别人具有吸引力并能受到拥护。具有此人格特质的领导者，称为魅力型领导。这种影响力不是建立在传统的职位权威上，而是建立在下属对领导者具有非凡才能的感知上。

一个具有感召力的管理者，是一个团队的核心，是团队中每个人效仿的对象；一个具有感召力的管理者，能鼓舞团队中每个人的士气，充分调动个人所长，发挥每个人的主观能动性；一个具有感召力的管理者，可有效影响整个团队的发展。然而，领导者感召力的形成，需要一个富有"传奇色彩"的故事，对此，我们来看下面的故事。

小敏是一家公司的文员，最近，她听说公司董事会内部出现了一些问题，这天，她看到公司十几名董事走进了会议室，里面很是吵闹，透过玻璃，她还看到总经理拍了桌子，办公室的很多同事也在看热闹，过了会儿，小敏看到一位三十多岁的男人走了进去，不到二十几分钟的工夫，一切好像平息了。

大家议论纷纷："还是刘总有魄力啊，三言两语就搞定了。"

小敏问:"刘总是谁啊?"

同事小张说:"刘总你都不知道啊,我给你讲讲他的故事吧。"

原来,刘总叫刘刚,三年前,刘刚还是一名普通的技术主管,整天在生产一线奔波着,而现在,他已经晋升为一名技术部经理了。他在职场平步青云的故事在公司已经传遍了。

那次,公司的一个大客户因为某个产品的瑕疵而提出毁约要求,很明显,这一要求是无理的,因为这一瑕疵只是众多产品一个细小的部分,完全不会影响到产品的使用。面对这种情况,销售部门的各个领导手足无措,便把事情推给了技术部门,技术部门几个木讷的领导,完全不知道如何处理这件事,只能任凭客户发脾气。这时,刘刚恰巧要向领导汇报工作,站在门外的他实在对客户的"嚣张跋扈"忍无可忍了,便推开门进去,对客户说:"我从没有见到过您这样的客户,您要知道,我们技术人员也是人,在研发产品的时候,我们虽然已经尽力做到将误差减少到最小,但不能保证一点误差都没有,难道您不承认,事实上这些小问题根本不影响产品的使用吗?再说,我们已经答应为您延长半年的售后时间了。还有,我看您再也找不到第二家比我们给您的价格更优惠的了,不是吗?"刘刚几句话一说完,客户哑口无言,丢下一句:"你不要忘了,我才是客户!"便离开了。大家原以为,接下来等待他们的是公司的训斥。但没想到,第二天,这位客户居然撤销了毁约的要求。

此时,大家都感到莫名其妙,刘刚解释道:"我们都清楚,这位客户完全是无理取闹,但他也是有目的的,那就是价格问题,他可能是道听途说,以为有更便宜的价格,于是,他希望我们降价,而我调查过,我们公司新研发的这个产品,是同类产品中价格最低、误差最小的。那天,他丢下那句话便走了,我猜,他回去肯定也了解过,经过利益权衡后,他自然会接受我们的价格……"

听了刘刚的分析,大家对他都敬佩极了,从此之后,他就成为同事和领导们关注的对象,在公司也逐渐树立了威信。所以,公司很多高层都很敬重他,这也是为什么刚才会议室吵起来后,大家把刘总请过来。同事小张又说:"你知道吗?公司总裁每次在任命职务时,都会把这个故事拿出来说,他是想告诉我们,让我们学习刘总,要把自己当成公司的主人。"

这里,技术部经理为什么能做到让上级和下属都赞叹不已?这一点,得益于那次特殊的机缘,在众人手足无措的情况下,他大胆地站出来,采取了众人不敢一试的方法,正是这种非常规方法的成功,让众人对其刮目相看,而关于他的这一故事,也成了领导感召力的"名牌"。

同样,任何一位企业管理者,都要努力形成自己的感召力，只有这样，在权力下放过程中，你的话才更有威信。

美国心理学家昂格和康南的魅力型领导理论把魅力视为一种归因现象，魅力型领导者往往具有远见卓识，自我牺牲性强，有高度的个人冒险倾向，能使用非常规策略，有准确的情境估计能力，自信心强，善于使用个人物质权力等。

在职场中，领导者的感召力包括两种：

1.权力性感召力

这是一种强制性的影响力，指的是由企业和组织赋予的在领导者实施领导行为之前就已经获得了的要使被领导者服从的影响力。

这种感召力带有强迫性，它是通过外部压力的形式来对被领导者发生作用的，被领导者不得不服从。但实际上，这种影响力对人的作用也是有局限性的，甚至是有消极意义的。对此，列宁指出："保持领导不是靠权力，而是靠威信、毅力，丰富的经验，多方面的工作以及卓越的才能。"

2.非权力性感召力

这种影响力是相对于权力性感召力而言的，指的是除社会分工之外，完全由领导自身素质所产生的感召力。

因此，非权力性感召力不带有强制性，并且它的影响是长远的、稳定的、广泛的。这一感召力源于领导者的威信、毅力、经验和才能，它发生作用的范围不仅是在被领导者的工作中，还会潜移默化地作用于他们的生活中。其目的是实现被领导者与领导者思想意识和行为准则的相对一致。

"其身正，不令而行，其身不正，虽令不从"，非权力性感召力的有效性与权威性，在相当程度上对管理工作起着决定性作用。

具有这种特征的管理者容易形成良好的人际关系，并能在需要时，得到别人最真诚的支持和帮助。

创新故事引导下属的创新精神

我们都知道，成功是不允许三心二意的，前一部分我们也已经强调了授权放权的重要性，作为领导者，只有把有限的时间聚焦到重要的目标上，才能保证事业的成功。目标过于分散等于没有目标，把有限的时间分散到众多的目标上，就像把有限的资金分散在众多的项目上，这种撒胡椒面的方式最终会导致每一个项目都虎头蛇尾、半途而废。如果把宝贵的时间资本都用来建设烂尾楼和半截子工程，最终将使你的时间账户彻底破产，导致你一事无成。

在现代企业管理中，带领企业创新已经成为每一位管理者的重要工作，而企业的创新根本在于人才的创新，这需要管理者发挥鼓励的作用。某著名企业家得出这样的结论："激励是创新的源泉，惩罚是维持现状的手段。"在鼓励员工创新上，作为领导者，不妨运用故事引导法。

在一家科技公司的成立大会上，这家公司的年轻总裁讲了这样一个故事：

曾经，在英国的一所中学内，有一名清洁工，这名清洁工已在学校工作多年，然而，随着老校长的离去，学校来了一名新校长，新校长发现他是一个文盲并且不能容忍这一点，所以，这名清洁工就被解雇了。

清洁工痛苦万分，对于他这样一个文盲，到哪儿去工作都将面临困难。痛苦中的他并没有自暴自弃，他开始思考这样一个问题：我真的一无是处了吗？突然，他高兴起来了。原来他想到了他的手艺——做腊肠。他做的腊肠曾深受学校师生的欢迎。基于此，他产生了做腊肠生意的念头。他做得很好，几年后，在英国有人不知道莎士比亚，有人不知道劳斯莱斯，但没有人不知道他，这名清洁工叫霍布代尔。

年轻的总裁总结道："在我们身边，有很多和故事中的霍布代尔一样的人，他们没有高学历、没有雄厚的资金，他们被别人看不起，但他们懂得运用少数派策略。于是，他们努力寻找自身的长处，然后将之充分发挥出来，最终，他们也获得了别人不曾预料到的成功。

"在我的公司，任何一位员工，我绝不要求你有高学历，不要求你能言善辩，但我要求每个人都必须要有创新精神，这是我对大家的唯一要求。"

听完这番话，场上响起了热烈的掌声。

现代社会，创新的重要性早已毋庸置疑，爱因斯坦说："想象力比知识更为重要。"在创新的过程之中，最可怕的是想象力的贫乏。可以这样说，人的一切发明与创造都源于想象力。一个人一生的成就，全归功于他能建设性地、积极地利用想象力。有与众不同的想法，才能有与众不同的收获。因此，作为企业的领导者，应该把鼓励员工创新当作管理工作的重要内容。

的确，人的可贵之处就在于创造性思维。正如一位哲人所说："你只要离开常走的大道，潜入森林，你就肯定会发现前所未有的东西。"同样的道理，成功与创新是难以分割的，一个企业，要想稳占市场，也必须跳出传统守旧的观念、创造新契机。企业家不是天生的，他们的经历告诉现代企业的领导者们，创业难，难在创新和变革这关，谁能迈得过去，成功之门就会为谁打开。美国管理专家德鲁克曾说："创新是创造了一种资源。"实际的确也是如此，不破不立，要实现创新与变革的前提便是"破"，也就是淘汰旧产品、旧体制。

一个企业，只有在领导者带领下，做到全体员工不断挑战自我、挑战新目标，做到技术上的精益求精、能力上的不断提

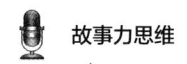

高，才能实现整个企业的腾飞。

那么，在企业中，作为领导者，该如何通过讲故事鼓励员工创新呢？

1.在故事中多引发员工思考，鼓励员工提出问题

思考是提出问题、发现新方法的前提，也是帮助我们找到真理的唯一途径。许多非常成功的人，都是善于思考的。

领导者可以在企业管理中经常讲一些思维故事，比如，牛顿通过对苹果落地现象的质疑产生了关于重力的思想；爱因斯坦通过对太阳的质疑产生了关于相对论的思想；爱迪生因为最爱向老师问"为什么"而成为伟大的发明家等，以此在企业内部逐步形成依靠思维创新的氛围。

2.鼓励员工用知识解放思维

领导者需要告诉员工，人与人之间没有太大的差别，只是思维方式不同。成功的人为什么成功？就是因为他们有与众不同的思路。因此，如果你能做到摆脱思维的狭隘性，那么，你就具备了成功的潜能。

3.为企业发展制订一个合理的、吸引人的目标

我们周围有许多人都明白自己在人生中应该做些什么，可就是迟迟拿不出行动来。根本原因是他们欠缺一些能吸引他们的目标。同样，一个企业领导者只有为企业制订一个合理的、有发展潜能的目标，才能真正把突破与创新应用到现实的管理

与经营工作中。

4.鼓励员工加强技术创新，凸显产品特性

我们可以结合消费者需求和偏好，不断研发新技术和改进产品设计，以实现每一款新产品都有不同于旧款的技术卖点，能给人耳目一新的感觉，让对手措手不及，以产品的特色赢得竞争优势，从而使产品获得额外加价，提高收入水平和盈利水平。

现代企业的领导者们，在创新变革这一问题上，都必须要做到大胆突破、大胆摒弃，否则，只会走别人的老路。而企业创新的根本就是员工思维的创新，这一点，我们可以通过讲故事来帮助我们实现，在日常工作中鼓励员工多开动大脑，培养员工的创造性思维和创造力。

第10章　用故事赋能，激励下属努力向上

> 相信任何一位领导都深知员工积极性对于工作成效的重要性，然而，一些领导者在调动员工积极性方面，采取的是命令式的方法。他们认为，领导者要有领导者的风范，所以，管理工作没有情面可讲，指派下属去做什么，一定要威严。诚然，领导者要有自己的威信，但如果使用打压的方式来命令下属，久而久之，下属一定会感到透不过气来，从而对工作产生懈怠，最佳指导下属工作的方式就是激励他们，其中重要的方法就是故事激励法，即用讲故事的方法从侧面鼓励下属，这样，才能真正激发下属的工作动力。

事实与故事相结合激励下属

中国人历来不习惯赞扬别人，他们经常会把对别人的赞扬埋在心底，而总是通过批评别人来"帮助他人成长"。其实，这个想法是错误的，在很多时候，赞扬比批评带给别人的进步要大。而对于领导者来说，如果能把"赞扬"运用到企业管理中，也就实现了人们常说的"零成本激励"。如何通过赞扬来

达到激励下属的目的？作为领导者，应该明白自己下属的心理，学会赞扬下属，而做到这些，其实是很不容易的。某著名企业家得出这样的结论："激励是创新的源泉，惩罚是维持现状的手段。"要想使下属的工作有所创新，就必须学会赞扬下属，让下属从表扬声中获得激励。真正优秀的下属其实是被赞扬、被激励出来的。

从前，在王府的厨房里有一个著名的厨师，他的拿手好菜是烤鸭，深受王府里的人喜爱，尤其是王爷。但是，王爷却没有给予过厨师任何赞扬，这使厨师整天闷闷不乐。

有一天，王爷有客人从远方来，在家里设宴招待贵宾，点了几道菜，其中一道便是贵宾最喜爱吃的烤鸭。厨师奉命行事，然而，当王爷夹了一条鸭腿给客人的时候，却找不到另一条鸭腿，这时，他便问身后的厨师："另一条鸭腿到哪里去呢？"厨师回答说："禀王爷，我们府里养的鸭子都只有一条腿！"王爷感到很诧异，但碍于客人在场，不便继续追问。

晚饭之后，王爷便跟着厨师去鸭笼查看究竟，这时正是晚上，鸭子在睡觉，每只鸭子都只露出了一条腿。厨师指着鸭子说："王爷你看，我们府里的鸭子不都是只有一条腿吗？"王爷听后，便大声拍掌，吵醒鸭子，鸭子当场被惊醒，便站了起来。这时，王爷说："鸭子不全是两条腿吗？"厨师回答说:"对!对!不过,只有鼓掌拍手,才会有两条腿呀!"

作为领导者,要懂得赞扬下属,懂得为下属鼓掌。对于下属来说,鼓励和赞扬是非常重要的,它能使下属领悟到工作的意义,得到被尊重感的满足。领导者的赞扬并不需要太多,有可能是一句肯定的话、一句真诚的赞美,也可以是一个善意的微笑、一束期待的目光,只要真正发自领导者的内心,下属一定会干劲十足。

或许是受儒家文化的影响,中国人总是喜欢批评别人,他们喜欢谦虚,经常会说"失败是成功之母",实际上"成功才是成功之母"。所以,多多赞扬你的下属,这会让你的管理工作更成功。

畅销书《奖励员工的一千零一种方法》的作者鲍勃·纳尔逊说:"在恰当的时间从恰当的人口中道出一声真诚的谢意,对员工而言比加薪、正式奖励或众多的资格证书及勋章更有意义。这样的奖赏之所以有力,部分是因为经理人在第一时间注意到相关员工取得了成就,并及时地亲自表示嘉奖。"作为领导者,需要记住,打动人最好的方式就是真诚地欣赏和善意地赞许,只要你多花一些心力,下属就能受到莫大的鼓舞,使工作成效大幅度提升。

韩国某大型公司的一个清洁工,本来是一个最被人忽视,最被人看不起的角色，但就是这样的一个人，却在有一天晚上公司保险箱被窃的时候，与凶狠的小偷进行了殊死搏斗。这件事之后，有人为他请功并问他的动机的时候，他的回答却出人意料。他说："当公司的总经理从我身旁经过的时候，总会不时地赞美我'你扫的地真干净'。"

这么一句简简单单的话，就让这个员工受到了感动，这恰恰印证了中国的一句老话"士为知己者死"。

许多领导者认为，赞扬下属太多，下属可能会因此而变得骄傲自大，会造成工作上的松懈，这是一种错误的观念。其实，作为一个管理者，最重要的工作就是为下属喝彩，换句话说，领导者必须是第一个注意下属优秀表现的人，并不时地赞扬他们。

虽然，赞扬下属是一件好事，但绝不是一件容易的事情。经验丰富的领导者在赞扬下属的时候，都犹如讲故事一般娓娓道来，因为他知道，实事求是是第一原则。

然而，在现实工作中，不少领导者在对下属进行表扬的时候，常常给人一种空泛而不着边际的感觉，比如"某某的工作做得很好，值得大家学习"，下属无法得知自己究竟好在哪里，只是感到调子很高，却没有实际内容，这样的赞扬很空洞，打动不了下属。

小小是一名打字员，她所在公司的经理是个阴晴不定的女人，在工作中也夸奖过下属，但总是莫名其妙，让很多同事不明就里，小小就曾经因为被她表扬而不知所措。

有一天，小小刚走进办公室，恰遇上经理，经理称赞她"是一名优秀的职员"，小小还以为自己的努力被经理看到了。但事实上，过了一会儿，女经理就问一份错误的报告是谁打的，小小主动承认了自己的失误。而下班时，女经理又赞扬她"你工作做得很好"，这些都使小小感到很困惑。接下来的几天，小小都受到了女经理这种莫名其妙的表扬。在几经折腾下，小小一纸辞呈，离开了公司。

在这个事例中，这位女经理深知赞扬对员工的作用，但她却不懂得赞美的方式方法，让员工小小因陷入困惑而辞职。

所以，领导者在赞扬下属的时候，应该实事求是陈述他们所取得的成绩和优点，应该发自内心地为下属感到高兴，满怀热情与真诚地表示赞扬。因为只有真诚、发自内心的赞扬，才能让下属受到感染，才能激起他们更大的工作热情和动力。

说出自己的故事激励下属

前面我们已经提及故事可以是非常有力的领导工具，伟大的领袖人物都明白这一点，许多顶尖CEO也在运用故事去阐明他们的观点、营销他们的看法。同样，讲故事也可以用来激励下属，

第10章 用故事赋能，激励下属努力向上

那么，作为领导者，我们该讲怎样的故事呢？

事实上，下属对领导所讲的那些遥不可及的故事有时候也并不信服。我们若希望自己的讲话更有激励性，那么，不妨从自己开始说起，说说自己是如何做的，从而暗示你的下属：你也应该这样做。神奇的是，下属可能真的会接受这样的暗示。

美国心理学家们曾经做过一个实验：某心理学家在给某大学心理学系的同学们讲课时，突然为同学们介绍了一位新来的德国教师，并声称这位德国教师是一位著名的化学家。然后，这位所谓的化学家一本正经地开始了自己的化学实验，他拿出一个瓶子，说这是他新发现的一种化学物质，有些气味，请在座的学生闻到气味时就举手，结果多数学生都举起了手，而实际上，这个瓶子里装的不过是毫无气味的蒸馏水。

蒸馏水本来没有气味，但这位"权威""化学家"的语言暗示让多数学生都认为它有气味。

人们都有一种"安全心理"，即认为权威人物的思想、行为和语言往往是正确的，服从他们会使自己有种安全感，增加不会出错的"保险系数"。同时，人们还有一种"认可心理"，即认为权威人物的要求往往和社会要求相一致，按照权威人物的要求去做，会得到各方面的认可。在这两种心理的影响下，就产生了权威效应。

领导者在下属心目中同样具有权威性，因此，领导从自身

角度出发，告诉下属自己是如何做的，往往更有说服力。

刘明是某汽车品牌在某区域的销售经理，他从刚开始的汽车销售员做到现在，只用了短短两年的时间，而他的销售能力一直是有目共睹的。现在每个季度公司的演讲大会上，在提到如何提升销售业绩的时候，刘明都会拿出自己当年做销售员时候的真实案例与大家分享。今年，他讲话的中心是"人际关系在销售过程中的重要性"。

他讲道："很多同事问我，到底怎样才能把车卖出去，到底怎样才能在茫茫人海中找到客户？这里，每个人都有自己的方法，但作为我个人来讲，提到业绩，我就不得不想起我的朋友，在这里，我由衷地感谢他们。可能你们会问我为什么要这么说，你们还记得吗？当初刚来公司的时候，我的主要工作是推销汽车。那时，你们总是问我为什么工资总是不够花，那是因为，不是今天这个同学结婚送礼，就是明天那个朋友家里需要钱。但正是有这些付出，才有我今天的成就，因为，正是这些朋友帮了我。有一次，我翻看了一下以前的业绩表，我发现，里面的客户大部分都是我的朋友，而剩下的也是我的朋友们介绍的。可以说，我现在的成就都是我这些朋友的功劳。我常常和那些销售新手说，与其在外面辛苦地寻找客户，还不如从身边的人开始挖掘，只要我们经常和这些朋友联系，同学有事主动帮忙，多关心他们，那么，他们一定很乐意为我们的业务提供帮助。"

当刘明说完这些,台下响起了一阵阵热烈的掌声。

这里,已经晋升为领导的刘明在公司年会上发表讲话,对于如何提高销售业绩这一问题,他并没有长篇大论、阐述销售专业知识,而是告诉下属自己是如何做的,让下属们自己得出结论——重视人际关系,将有助于提升销售业绩。

那么,具体来说,我们该如何以身作则,讲自己的故事呢?

1.明确告诉听众你的态度

举个很简单的例子,开会时,如果没有强硬的反对者,你只要轻松地说一声:"已经决定好了。"事情就可以顺理成章地决定了。"已经决定好了"这句话就是一种"提前暗示"。尤其对那些没有明确想法的人,要让他们赞成自己,"提前暗示"是极其有力的武器。

有一位物流公司的老总,他很擅长利用人的潜在心理,可以说他是一位非常卓越的心理诱导者。他在每一次会议开始时,都先提出大纲,然后告诉职员们:"这是我的意见,剩下的你们自己去讨论。"说完他就开始打瞌睡,让开会的职员们自己去讨论。直到归纳出结论时,他才又发言说:"那么大家就努力朝这个方向前进吧!"

等他讲完,会议就结束了。

这位老总这样做的目的是使职员们认为,事情好像是他们自己决定的,他们会有一种成就感,而职员们归纳出来的结论,事实上就是按照老板所提的大纲讨论出来的,也就是在老板的暗示下得出的。

因此,我们在讲话的时候,若希望听众接受并按照你的意图执行,你可以事先告诉听者你的态度以进行暗示。

2.以激励代替命令

一些领导者经常对下属说:"你必须……"或"你最好……"而实际上,人类对于一些命令式的工作总是缺乏干劲,主要是由于人的潜在心理中,没有一股强烈的"达到欲望"。而当这种强烈的欲望起作用时,他本能地就会想办法促使这项工作的完成。聪明的领导者会说:"如果是我……这样的话就比较简单了。"下属得到这种潜在的激励后,自然会使出浑身解数,完成目标。

用故事肯定下属,表扬业绩鼓舞士气

在日常工作中,相信大多数的领导都是追求完美的人,总希望布置给下属的工作能够及时、有效地被完成。事实上,追求完美的人对任何事都要求很高,这也可能会成为领导的一个缺点,你的苛刻使下属感受不到你的肯定与激励,他们所感受到的只有失望。作为领导者,当下属的工作已经做得很好的时候，需要快速加以肯定，及时表扬下属的业绩表现，在这个过程中，你肯定了自己的下属，也就相当于肯定了自己。一说到如何激励下属，不少领导者就抱怨："我一没有给下属晋升的职权，二没有给下属加薪发赏的钱，你让我怎么激励下属？光耍嘴皮子怎么行？"但实际上，一些有作为的企业家和领导者却在工作中总结出了不少行之有效的低成本甚至零成本的激励方法，其中之一就是用故事法迅速说出你下属的业绩表现，令下属感受到你的关注。

托马斯是一名有多年经验的职业管理者，但在这之前，他也曾一度认为下属将事情做得出色是其应该完成的。他这样解释说："过去，我常常忽视了应该对下属的成绩给予肯定，因为我个人对于这方面从来没重视过，因此，我往往忘记了对别人的成就给予表扬。相反，我认为他们所取得的成就只不过是他们规定工作中的一部分，而规定的工作是不需要特别认可的。"

后来，托马斯调任到现在这家公司，他对于给予下属认可并及时对成功给予表扬的重要性有了新的认识。他发现，事实上，这对于下属来说是很重要的，因此，他决定改变自己的习惯。

为了提醒自己公开认可的重要性，他特别编制了一张认可他人的优先性列表。每当自己的团队取得一个关键的成就时，他都会亲自走到团队的每个人面前，和对方握手，并且，在开会时，他也会在大家面前细细阐述这位下属是怎样克服困难、出色完成工作任务的。

偶尔，他还会挑选出几个重要的团队成员，带他们出去吃饭，会亲自打电话给每一个团队成员，感谢他们在项目中付出的努力。另外，他还常邀请大家共同参加小型的办公室聚会，一起享用蛋糕和咖啡。

在进行了如此多肯定下属业绩、激励下属的措施之后，在短时间内，托马斯就看到生产率上升了、缺勤率降低了、同事之间正在形成更紧密的人际纽带。与此同时，与他一起工作的员工有了更大的主动性，他自己的工作也变得简单起来。互相合作的工作氛围带来了更好的沟通，这样一来，下属之间的冲突也减少了。

快速说出下属的业绩是对下属给予的一种赞誉和褒扬，这也是一种相处艺术，领导者快速说出下属的业绩是对下属的一种尊重，这样有利于下属扬长避短，也能有效地调动下属工作的积极性和创造性。

任何一个下属都希望得到别人的肯定，尤其是上级的认可。不过，在现实工作中，许多员工竭尽全力地把工作做得很出色，但却从未得到过哪怕是一声"谢谢"，这是因为绝大多数领导者都想当然地认为将事情做得出色是下属应该完成的工

第10章 用故事赋能，激励下属努力向上

作的一个组成部分。事实证明，领导者如此的"忽视"会让下属感觉很受伤。作为领导者，在下属工作出色的时候，应该学会将下属的出色业绩当成故事来详细阐述，令下属感受到你的关注。

在一次工作任务中，小王出色地完成了任务，他兴高采烈地对主管说："我有一个好消息，我跟了两个月的那个客户今天终于同意购买了，而且订单金额会比我们预期的多25%，这将是我们这个季度价值最大的订单。"但是，这位主管却对小王的优秀业绩反应很冷淡，他毫不在意地说："是吗？你今天上班怎么迟到了？"小王说："路上塞车。"这时，主管严厉地说："迟到还找理由，都像你这样，公司的业务还怎么做！"小王垂头丧气地回答："那我今后注意。"于是，原本高兴的小王一脸沮丧地离开了主管的办公室。

从这个案例中我们可以看出，当小王寻求主管激励的时候，主管不仅没有给他任何表扬，反而只因小王偶尔迟到之事就主观、武断地严加训斥本该受到表扬的职工。最后的结果便是使小王的积极情绪受到了很大的打击，没有满足其渴望获得肯定和认可的心理需求。其实，在现实工作中，领导对下属的激励并非一件难事，对下属进行话语的认可，或者通过表情传递出肯定都可以满足下属被重视、被认可的需求，从而达到激

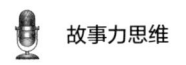

励的效果。

杰克·韦奇说："我的经营理论是要让每个人都能感觉到自己的贡献，这种贡献看得见、摸得着，还能数得清。"当下属完成了某项工作的时候，他们最需要的是领导对自己工作的肯定，可以这样说，领导的认可就是对其工作的最大肯定。

领导对下属工作业绩的认可是一个秘密武器，但认可的时效性最为关键。如果用得太多，认可的价值将会减少，如果只是在某些特别场合和稍有成就时使用，价值就会增加。为此，领导者可以在开会或者其他公共场合进行阐述，以此表达对下属的赏识。

企业顾问史密斯指出，每位下属再微小的好表现，如果能得到领导的认可，都有可能对下属产生激励的作用。对领导者来说，认可下属的业绩是非常简单的事情，当然，如果像讲故事一样阐述，就要注重细节，讲述下属在执行任务中是如何一步步达成目标的，重点突出其可贵精神。

用正能量的故事激励下属努力向上

现实工作中，很多领导都需要给下属定目标，而一般来说，他们的做法是告诉下属："你必须要达到……"实际上，一味地命令下属，并不能激发下属的积极性。聪明的领导者则

第10章 用故事赋能，激励下属努力向上

懂得采用侧面激励的方法，比如讲一个积极正面的故事，暗示下属也要努力向上，当下属得到这种潜在的激励后，自然会使出浑身解数，完成目标。

杨静是一名销售主管，在她的带领下，部门的销售业绩在所有分公司中一直是最好的，因为她在下属的心里不仅是主管，更是大家的老大姐。

在杨静办公桌的抽屉里，放了一本小册子，里面记载了所有下属的资料，包括出生年月、家庭状况、性格等方面。每个月一开始，她就会翻开小册子，看看这个月有哪些下属要过生日，到了那天，她都会精心为对方挑选一份礼物。单是这一做法，就让大家都很感动。

最近，公司来了一位新员工，一个二十出头的小伙子，因为学历低，他似乎不愿意与其他同事打交道，总是一个人坐在自己的工位上。这天下班后，大家都已经走了，杨静看他还在办公室，就走过去，对他说了一番语重心长的话。

杨静说："小刘，来公司有一段时间了吧。其实我们这个部门的同事，都很好相处，大家都来自四面八方，没什么背景，为了生活，我们聚集在这里，希望能闯出名堂。"

杨静看小刘没什么反应，好像没听明白，继续说："这样，我给你讲个故事吧。"杨静于是讲了这样一个故事：

有一个博士入职了一家研究所，成为所里学历最高的一

个人。

有一天他到单位后面的小池塘去钓鱼,正好正副所长在他的一左一右,也在钓鱼。

他只是微微点了点头,心想跟这两个本科生,有啥好聊的呢?

不一会儿,正所长放下钓竿,伸伸懒腰,噌的从水面上走到对面上厕所。博士眼睛睁得都快掉下来了。水上飘?不会吧?这可是一个池塘啊。正所长上完厕所回来的时候,同样噌的又从水上飘回来了。

怎么回事?博士生又不好去问,自己是博士生呐!

过一阵,副所长也站起来,走几步,蹭蹭蹭地飘过水面上厕所。这下子博士更是差点昏倒:不会吧,到了一个江湖高手集中的地方?

博士生也内急了。这个池塘两边有围墙,要到对面厕所非得绕十分钟的路,而回单位上又太远,怎么办?博士生也不愿意去问两位所长,憋了半天后,也起身往水里跨,心里还想:我就不信本科生能过的水面,我博士生不能过。只听咚的一声,博士生栽到了水里。

两位所长将他拉了出来,问他为什么要下水,他问:"为什么你们可以走过去呢?"两所长相视一笑:"这池塘里有两排木桩子,由于这两天下雨涨水正好在水面下。我们都知道这木桩的位置,所以可以踩着桩子过去。你怎么不问一声呢?"

讲完故事,杨静总结道:"我讲这个故事,是想说学历代表过去,只有学习力才能代表将来。尊重有经验的人,才能少走弯路。一个好的团队,应该是学习型的团队。"

小刘听完后,很认真地点了点头,从那以后,他工作积极多了,也很快融入了公司的销售团队。

故事中的杨静就是个富有人情味的领导,对于自己的下属,她不仅生活中关心有加,工作中也很重视对下属的激励。尤其是面对新来的、学历低的下属,她没有命令其努力工作,而是先从讲故事开始,让下属认识到学历与工作经验的关系,进而让下属产生了工作动力。

的确,被人认可是每个人的心理需求,而即便是我们的员工,也并不需要被指派和下命令。也许你认为,下属就应该接受领导的命令和指挥,诚然,也许对方会接受,但未必会全力以赴地去执行,这是因为他们潜在的能力没有被激发出来。相反,如果你能激励下属,那么,他一定心生感激,并愿意始终追随你。

有"经营之神"美誉的松下幸之助曾首创了电话管理术,经常给下属,包括新招的员工打电话。每次他也没有什么特别的事,只是问一下员工的近况如何。当下属回答说还算顺利时，松下又会说：很好，希望你好好加油。这样使接到电话的下属每每感到总裁对自己的信任和看重，精神都为之一振。许多人在这一暗示的作用下，勤奋工作，逐步成长为独当一面的人才，毕竟人有70%的潜能是沉睡的。

事实早已经证明，凡是能取得下属信任的领导者，都有一套能让下属发自内心接受的管理手段。这套管理手段就是以激励代替命令，这样，他们工作虽有压力，但更有动力、更有希望。虽有劳累，但不觉得心累，更能从工作中获得快乐感、幸福感和愉悦感。

为此，我们要懂得在"尊重"和"激励"上下功夫，其中讲积极正面的故事就是个很好的方法。当然，除此之外，领导者还需要在讲话中注意：

1.表达你对下属的期望

有时候，你无意中的一句："我知道你不会让我失望的……"会让员工和下属找到自身奋斗的目标，看到自己劳动的价值所在。

2.不忘激励、肯定犯错误的下属

当下属在工作中出现失误时，激励有时候比批评更重要。美国石油大王洛克菲勒的助手贝特福特，因为经营上的失误，导致了公司在南美的投资损失了40%。贝特福特正准备接受批评时，没想到洛克菲勒却拍着他的肩膀说："全靠你处置有方，替我们保全了这么多的投资，能干得这么出色，已出乎我们意料了。"这位尽管失败却得到鼓励的助手后来为公司屡创佳绩，成为了公司的中坚人物。

总之，身为领导者，无论下属做对或做错，都不能视而不见。因为你的成功时刻需要他们的支持和配合。

用其他员工的故事激发竞争性

每一个领导者都要明白，管理做的就是人的工作。作为领导，除了要比其他员工更勤奋，需要掌握更多的知识外，最重要的是要善于运用自己的智慧，激发下属的竞争意识。

每个人都是有好胜心的，尤其是在与他人"比较"的时候。人们骨子里，总是认为自己是优秀的，或者说，在某些方面自己是强于他人的，这样的一种比较心理，激起了他们的好胜心，往往能使他们知难而上。于是，当有人巧妙地激起他们的"比较"心理的时候，对于原本不可能完成的事情，或者异常艰巨的任务，他们都能够以自己的好胜心来完成。既然人们存在这样的心理，领导在向下属部署工作任务的时候，就可以妙用"比较"，激发出下属的潜在力量，让他们敢于知难而上。那么，领导者如何利用下属的"比较"心理呢？这里，我们依然可以运用讲故事的方法，当你在激励某个下属的时候，不妨讲一讲其他员工的故事，以此来鼓励下属迎难而上。

吴先生是一家大型企业的总裁，他就善于激发员工的好胜心，因而创造了一个又一个的奇迹。一次，吴先生新研发了一个产品，他需要一位卓越的推销人才去为新研发的产品打通市场，这是一件异常艰巨的任务。吴先生经过几番斟酌，选定了公司里一位颇具能力的新员工。

"带着新产品去打通市场，怎么样？"吴先生轻松地问被召见的新员工，"我现在急需要一个有能力的人去给我做销售顾问。"

那位新员工大吃一惊，他当然知道这件任务的艰巨性。因此不得不考虑自己的能力，考虑这是否在自己的能力范围之内。

吴先生见他犹豫不决，便微笑着道："害怕了？年轻人，没事，我不怪你，这件事我让小王去吧，上个月他在西北市场的成绩很不错，前几天我们在会上也做出了表扬，你当时也在场，对吧？"

这句话激起了那位新员工的好胜心，他最终接受了挑战，并带着新产品开始了漫漫的销售之路。

好胜心是每个人的天性，对于很多工作，只要领导妙用"比较"，善于激励，下属就一定会以最大的热情去干好这些工作。一位成功的领导者应该善于激发下属自我超越的欲望，因为这确实是使下属振奋精神、接受工作挑战的最为可行的办法。

在很多时候，领导者为了激发出下属的好胜心，还可以制造出"比较"中的第三方的故事。比如，领导者可以说"这件事我想交给一个有能力的人去做"，但事实上，领导者并没明确指出这个有能力的人到底是谁。这时候，下属会猜想"难道我就不是一个有能力的人吗"，然后当领导将"有能力"这样的评价用到下属身上的时候，比较心理就产生了。下属会想到，原来自己并不是一无是处，自己也是一个有能力的人，相应地，面对难以完成的工作任务，他也肯定会知难而上。

可见，如果领导希望员工能够圆满地完成工作，那么就要激发员工的竞争意识。员工有了竞争，才会激发超越自我的欲望，才有可能超额完成任务。对于每个人来说，最大的竞争对手不是来自他人，而是自己，因此与自己比较就成为了最好的竞争方式。他人的存在不过是为了激发自己内在的潜能，所以，领导在工作中也要善于激发员工争强好胜的心理，使他们能够有勇气战胜自己。

当然，使用"比较"心理的前提条件是要摸准下属的心理，你必须知道他能爆发出多大的力量，然后再适当增大其工作难度，这样，才有可能达到自己的目的，否则，为下属设定的工作目标过高，不仅使工作无法完成，还会损伤下属的自信心。

第 11 章　用故事力思维说服他人，让对方心悦诚服

> 现实生活中，很多情况下，领导者需要说服他人，然而，可能你也会发现，当你直接说出自己的意见或想法时，对方会拒绝接受，而当你提出一个具体的故事或者事例时，对方却二话不说地接纳了。可见，说服需要具有隐晦性而又有代表性的故事来加以表达，因为这样一方面可以避免直接表达带来的弊端，另一方面还可以增强说服力，同时，这样的表达方式也更容易让对方接受，继而让其接受我们的看法和建议。

用故事引出道理，容易让人接受

我们都知道，人与人之间，是存在一定的沟通屏障的，人们难免会存在一定的戒备心理，这就造成我们说服别人的困难。古人云：感人心者，莫先乎情。可以说说服别人，在很大程度上就是情感上的征服。只有善于运用情感技巧，动之以情，以情感人，才能打动人心，以至说服别人。

生活中的领导者，在工作中，也存在很多需要说服他人的

情况，在说服他人过程中，如果想要你的话产生效力，你在谈话的时候就不应该只注重内容的陈述，还该把自己的情感注入到你的演讲中，而一个重要的方法就是先向对方讲一个故事，让其从故事中领略你的意图，从而接纳你的观点和意见。

莉莉与小齐初中毕业后就一起来到城里的一家餐馆打工，她们关系很好，可谓是无话不谈的朋友，但两人的行事作风却有点差异。

一次，莉莉在收拾餐桌的时候，发现了一个手机，肯定是客人落下的，莉莉早就渴望有一部手机，于是，她想悄悄据为己有。不巧，这被小齐看见了，让她上交，可莉莉说："什么呀，我没拿什么手机啊。"

小齐说："莉莉，我给你讲个故事吧，你先听完再回答。"于是，小齐讲了这样一个故事：

从前有这样两户人家，一家是齐国人，姓国，十分富有；一家是宋国人，姓向，非常贫穷。姓向的听说姓国的很有钱，便专程从宋国跑到齐国，向姓国的请教致富的方法。

姓国的告诉他说："我之所以发家致富，是因为我很善于'偷'。我只用了一年的工夫就有了吃穿；两年下来就相当富足；三年过后，我的土地成片、粮食满仓，我成了方圆百里之内的大户。从那时起，我便向乡邻施舍财物，大家都得到了我的好处。"

第11章 用故事力思维说服他人，让对方心悦诚服

姓向的人听了十分高兴。可是他以为姓国的致富走的是偷盗这条路，以为姓国的所说的"偷"就是到处翻越人家的院墙，凿开人家的房间，凡是眼睛所看到的、手能拿到的，就可以拿走归自己所有。于是他回家以后，到处偷窃。没过多久，他因被人查出了赃物而判罪，不但被判罚清退全部赃物，而且没收他以前积累的所有家产。

姓向的把自己的失败归咎于受了姓国的欺骗，于是就到齐国去，找到姓国的责备他说："你骗我，我去偷怎么就犯了法呢？"

姓国的听了哈哈大笑，说："你是怎么去偷的呀？"

姓向的把自己翻墙打洞偷盗别人财产的经过讲给姓国的听，姓国的又好气又好笑地对他说："咳，你真是太糊涂了！你根本没弄懂我所说的'善于偷盗'是什么意思。现在我仔细告诉你吧。人都说天有四季变化，地有丰富的出产，我偷的就是这天时和地利呀。雨水雾露、山林特产可以使我的庄稼长得很好，房舍建得很美。我在陆地上能'偷'到飞禽走兽，在有水的地方能'偷'到鱼虾龟鳖。无论是庄稼和土木还是禽兽和鱼虾龟鳖，这些东西都是大自然的产物，并不是我原本所有的。我依靠自己的辛勤劳动，向自然界索取财富，当然不会有罪过，也不会有灾祸。可是，那些金银宝石、珍珠宝贝、粮食布匹，却是别人积累起来的财富，你用不劳而获的手段去占有

别人的劳动成果就是犯罪。你因偷盗而受到了处罚,那又能怪谁呢?"

姓向的听了这番话,惭愧得一句话也说不出来。

小齐讲完故事,莉莉也若有所思。小齐接着说:"看来,明智的人懂得如何用辛勤劳动、用自己的双手去向大自然索取,创造财富;愚蠢的人才会想到用非法手段,走'捷径'去攫取别人的劳动成果使自己致富。这种人,到头来还是要栽跟头的。"

"这,这……当然……"莉莉这时不知道说什么好了,吞吞吐吐地回答着。

看到莉莉已经同意了自己的观点,小齐顺势说:"其实,捡到别人的东西据为己有和偷、抢得来的东西是相通的,除了国家法律,我们还应有一定的社会公德。再说我们来的时候,老板都给我们读了店里的工作守则,其中就有一项:捡到顾客遗失的物品要交还,我们还想在这家店长期干下去呢,可不能因为这点蝇头小利丢了工作啊!咱想要手机,就要靠自己的能力挣钱买,那样用得才理直气壮哩!"

最后,莉莉主动把手机上交了。

案例中的小齐就是个会说话的人,她在发现好朋友莉莉准备将捡来的手机据为己有的时候,并没有直接追问,让对方承认这是一种错误的行为,而是采用"讲故事"的方法,让莉莉明白捡到别人东西不归还与偷一样，都是不劳而获，从而逐渐由大及小，步步推进，然后才切入实质性问题。最后，聪明的小齐又把问题归结到莉莉想把手机据为己有的想法是不正确的，并劝说莉莉可以自己努力工作去买一部手机。小齐的说服可谓是有理有据，莉莉自然也能接受。

现实生活中，一些领导者遇到这种情况，可能会站出来告诉对方："你怎么偷人家东西呢？"这样说，虽然是出于好意，但无异于打人脸，对方必定不会接受，甚至还会找借口否认。其实，无论是出于什么目的，在探测对方真心的时候，一定要绕开关键点，因为那个点恰恰是你们冲突的焦点。如果你直奔主题，告诉对方要诚实，很容易引起对方的逆反心理，对方不仅难以接受，还会和你对抗到底，如此一来，你的劝服工作将会难度大增，甚至根本无法成功。而如果你先讲故事，侧面引导，一步步地回到你想要了解的关键点上，若是理由充分，别人一般都能接受。

我们发现，现实生活中，一些领导在说服他人的过程中，通常都会犯这样一些错误，要么是绞尽脑汁、想方设法和对方辩论，要么是以一副领导的口吻去教训对方，这些做法无疑会把对方推到和自己对立的一方，不仅说服效果不好，甚至可能起到反作用。其实，说服别人的方法和技巧有很多，只要我们善加运用，就能达到自己的说服目的。

总之，领导者说服他人，不能是说教式或者命令式的，我们不如先讲故事，后讲道理。当然，说服不仅需要有一个好的口才，还需要有一个好的态度，耐心地引导、启发对方思考，才能让其自主接受你的观点！

摆事实、讲故事更易说服他人

在日常的工作中，一些领导者可能会遇到这样的场景：你苦口婆心地劝说对方，或者滔滔不绝地表述你的观点，而对方依然坚持自己的观点，此时，你仅仅指出了一条事实，却立即获得了对方的认同。这就是生活中人们常说的事实胜于雄辩，用事实说话，更能说服他人。可见，说服他人要讲究策略，多用事实说话而不必逞口舌之快。

刘先生有家自己的公司，经营得还不错。一天，下属小李来到办公室，对他说："刘总，我来公司三年了……您看，是不是应该酌情给我加薪呢？"刘先生想了一会儿，说道："小李，我知道你从跑业务做起，时间已经不短了。你在业绩表中所做的工作报告，我觉得你提到的那几点都很重要。但是现在的情况是，我们部门离第一次薪资评估还有很长时间，而我个人无法批准薪资评估报告。

"另外，说实话，我觉得就你现在这份业绩表的内容，按照我们部门的薪资评估标准，有些数据的说服力还显得很不够。现在离年底的评估还有一段时间，你可以再努力努力，争取让你手上的那两个大客户跟我们公司签约。而且，我们公司最近推出的新产品，相信你肯定也能做出点业绩来，你不妨尝试一下。这样，在年底评估的时候，你就可以有一份比较有说服力的报告，到那时，我一定会尽力为你争取加薪。"

面对下属提出的加薪请求，刘先生巧妙地为他设定了一个比较实际而又有意义的工作目标，聪明而又不着痕迹地拒绝了他现阶段的加薪要求。在整个回答过程中，可以说是句句中肯，有理有据，并且清楚地向员工表明，加薪要有客观的工作成绩，而他目前的工作成绩还不足以享受更高的薪资待遇。更为重要的是，谈话将负面的拒绝转为正面的激励，使加薪成为员工努力工作并取得更高成就的动力。

古今中外，此类事例不胜枚举。说服别人接受自己的观点、意见、办法等，是一种复杂而困难的行为。人类社会交际中时时处处离不开说服，而要想成功说服对方，展现现实例证是最有力的方法。运用事实进行说服，可以打破僵局，增进了解，使说服更加有力，因为事实本身可以使领导者言重如山，取信于人。

还有一个事例：

政府准备建立心脏病研究基金会。在听证会上，人们对它的可行性进行调查。其中一位医生的发言与专家们的严密论证不同,他对参加听证会的政府官员们说:你们正处在人生、事业的顶峰,却是最易患心脏病的人。由于这个医生的发言抓住了官员们的切身利益,所以取得了较好的效果,他们欣然采纳了意见。

可见,人际交往中,想说服他人,就要懂得摆事实,用事实说话,才能让那些怀疑你的人彻底相信你。我们不否认讲道理在说服他人的过程中的重要性,但有时候道理讲多了,并不见得有多少说服力,而摆出一两个与所说之理相适应的鲜明而具体的事实却有难以辩驳的说服力。说服别人,要用事实说话。

几年前南京某报纸刊载了一篇骇人听闻的新闻——"一台沙松冰箱爆炸",并配以现场照片。这一突发的意外事件,对沙松冰箱厂来说无疑是一个沉重打击,如果不能很好地处理,会严重地影响企业的形象和产品的信誉。

而沙松冰箱厂领导在处理这一事件时,并不是单纯地向用户解释道理,而是采取用事实交流的方法:电冰箱门炸破了而冰箱仍在制冷,是用户将乙烷气瓶放入冰箱而引起的爆炸。就这样,沙松冰箱再次赢得了广大用户的信赖,企业也因此而摆脱窘境。

任何人都具有精明、理智的一面,如果你能够通过有力的证据、有说服力的方案获得对方的认可，别人对你的信任短期内是不会消失的。在条件合适的情况下，提供有力的事实证据，会使说服变得非常轻松。所以在说服中尽可能地运用数据、事例绝对是行之有效的好方法。

当然，用事实说话，我们需要注意以下几点：

1.列举有说服力的证据

你的观点是否可信，在于你的证据是否可信，你的论证是否符合逻辑。这需要你列举出一些有说服力的证据，通过论证的方式，将各种方案的优劣、长短逐一比较分析，并从中优选出最佳的方案来。

2.巧妙运用典故

讲话中适当运用一些典故，或引用伟人经典著作，或引用历史典故、古诗、格言、民谚等，也可以引用上级文件、领导讲话的重要观点，来增强讲话的深刻性。

3.针对对方心理"对症下药"，为其提出新主张

提出你的新主张，才能让对方更彻底地放弃自己的旧主张。

总之，领导者需要认识到的是，先摆事实故事，后讲道理，这是说服他人最有效的方法。

用感性的故事打造感人的氛围

我们已经分析了讲故事对于领导者说服他人的必要性，并且，我们也已经了解到，故事只有打动人心，才能起到应有的作用。那么，如何做到这一点呢？这需要领导在开口前先酝酿氛围。

我们都知道，在说服过程中，掌握对方的心理活动极为重要，如果对方对我们所叙述的内容有极大兴趣，便会保持积极、热情的合作态度；反之，则会表现出冷漠甚至敌视的态度，我们的说服工作就会失败。所以，真正口才良好的领导者都善于营造好的谈话氛围，这里讲的"氛围"，就是要带动对方的情绪，和对方达到一种情感的共鸣。而他们通常采用的方法就是讲故事，尤其是那些感性的故事，当对方真正被我们的话打动时，我们的说服工作也就成功了一半。

美国南北战争结束后，有一位叫约翰·爱伦的普通人和一位南北战争中的著名英雄陶克将军竞选国会议员。陶克在竞选演讲即将结束时，说了几句很带感情色彩的话：

"诸位同胞们，记得17年前（南北战争时）的今天，我曾带兵在一座山上与敌人激战，激烈的血战后，我在山上的树丛里睡了一个晚上。如果大家没有忘记那次艰苦卓绝的战斗，请在选举中，也不要忘记那吃尽苦头、风餐露宿造就伟大战功的人。"

这段话应该说是很精彩的，许多听众都认为爱伦必输无疑了。然而，爱伦不慌不忙，说了几句很轻松的话，便扳回了败局。他是这样说的：

"同胞们，陶克将军说得不错，他确实在那次战争中立下奇功。我当时是他手下的一个无名小卒，替他出生入死，冲锋陷阵。这还不算，当他在树丛中安睡时，我还携带了武器，站在荒野上，饱尝寒风冷露的滋味儿，来保护他。"

这话比陶克说的更高明了，因为听众中许多人是南北战争时的普通士兵，所以，爱伦的话更容易激起这些人的共鸣。于是，爱伦击败了陶克，胜利地跨进了国会大厅。

为什么爱伦的话引起了听众的共鸣？为什么爱伦能击败陶克？因为爱伦拥有和这些听众同样的经历，因此，当他将这些事实拿出来与听众分享的时候，就显得更有信服力，更容易打动听众。

总之，作为领导者，你需要明白的是，说服他人最重要的就是激发对方的认同感，讲感性的故事，能使你的话热烈起来，更能够打动人。当然，作为讲话者的你，首先要搜集这类故事，并要保证故事的真实性，否则，一旦对方识破了你的谎言，你便会因小失大。

利用权威者的故事，为自己的话增添分量

生活中，我们往往对那些有权威机构认证的产品更放心。这就是权威效应。古人云："人微言轻，人贵言重。"这句话是有道理的。人们有这一心理，首先由于人们有"安全心理"，即人们认为权威人物往往是正确的楷模，服从他们会使自己具备安全感，增加不会出错的"保险系数"；其次由于人们有"赞许心理"，即人们认为权威人物的要求往往和社会规范相一致，按照权威人物的要求去做，会得到各方面的赞许和奖励。我们在说服别人的时候，也可以运用人们的这一心理，这样，他人接受起来也更容易。

因此，领导者在说服他人的过程中，如果希望你的话有分量，那么，可以借助讲权威的故事这一方法，这样，你说的话就更有威信，也就更容易获得他人的支持。

英国前首相撒切尔夫人曾被称为"二十世纪后期世界上最具魅力的政治人物之一"，有"铁娘子"之称的她，也有着独特且让人肃然起敬的演说风格，在她上任后，曾做了这样的演讲：

"我是继伟人之后担任保守党领袖的，这使我觉得自己很渺小。在我之前的领袖，都是赫赫有名的伟人。如我们的领袖温斯顿·丘吉尔把英国的名字推上了自由世界历史的顶峰；安

东尼·伊登为我们确立了可以建立起极大财富和民主的目标；哈罗德·麦克米伦使很多凌云壮志变成了每个公民伸手可及的现实；亚历克·道格拉斯霍姆赢得了我们大家的爱戴和敬佩；爱德华·希思成功地为我们赢得了1970年大选的胜利，并于1973年英明地使我们加入了欧洲经济共同体。"

在这段讲话中，撒切尔夫人列举了现代史上英国历任首相的功绩，以此来表明自己的任重道远和豪情壮志。从这段话中，我们可以看出，一个领导很容易用语言表现出自己应有的气势来，而且这种表现在很多时候还是无意的。但要记住，有霸气并不代表高高在上、盛气凌人，如果是那样的话很容易失去人心。

无论是何种形式的说话，我们若想在对方心中树立自己的威信，就要懂得制造权威，让对方信服，比如，你可以讲讲权威故事，这样大家就自然会支持你，这就是威信。具体来说，领导者在讲权威故事时，需要注意：

1.多说事实故事，制造"权威"

真实的才是可信的，如果我们不是"权威"，就要善于制造"权威"。语言使人信服的前提是要让事实说话，在说服中，要善于运用事实。这种说服方法最根本的一点就是唯实、唯事，尊重客观事实，用事实说话。运用事实进行说服最能打动人心，最能使人信服。

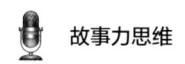

2.适度拉开距离树立威信

要说服他人就免不了沟通，可能你会认为，多沟通、保持亲密的距离，自然会拉近双方的心理距离，这势必有利于沟通目的的实现，而事实上并非如此。

举个很简单的例子，如果你原本是个很让下属敬重的领导，却可能因为和下属打得太火热，而使得自己的一些缺点暴露无遗，结果失去了一个领导者应有的权威，让下属在无形中改变了对你的印象，甚至让下属觉得你令人失望、讨厌。另外，和下属走得太近，也容易将工作和生活混为一谈，容易丧失原则，在工作中出现失误。

实际上，与人沟通也是如此，尤其是那些希望树立威信以让他人信服的人，更应该与他人保持一定的距离。

3.语言干脆，当机立断

讲事实故事，与一般故事并不相同，权威故事需要领导者在说话时有决断力，并且，故事结束后，在说服对方时，也要明确"拍板"。日常工作中也是如此，如果下属向你请示某动员会议的布置及议程，你认为没有问题，就可以用鼓励的委婉语调表达："知道了，你看着办就行了。"这种表述既给了下属支持与鼓励，也给了下属行动的权力。

总之，领导者在谈话中，要想做到势在必得，就要"有板有眼"，其中，讲一些权威的事实故事，能帮助你树立威信，以获他人的支持。

用故事表达想法，对方更容易明白你的用意

生活中的领导们，可能有过这样的经验：有时候，与人沟通，直接表达自己的想法或意见，对方可能会拒绝接受。此时，就需要我们掌握婉转表达的方法。这种表达的方法很多，其中就有讲故事和举例子。无论是讲故事还是举例子，我们都是通过一些事例来传达自己的观点。我们先来看看下面故事中的林先生是如何让儿子接受自己的教育的。

林先生的儿子小小今年5岁，很可爱，周围的朋友和家人都对小小呵护有加。

一次，朋友小张带着女儿过来玩，林先生和小张在书房商讨工作上的事情，当他们聊得正开心时，突然传来"哇"的一声。林先生听到朋友女儿哭了，赶紧跑到客厅，此时小女孩正趴在地上，林先生赶紧问小女孩怎么回事，原来是小小为了一个玩具将小女孩推倒了。林先生立即意识到，应该对儿子进行礼让教育了。

于是，这天晚上，和往常一样，在儿子入睡前，林先生来到儿子床边，给他讲故事。

"小小，今天我们来讲孔融让梨的故事吧。那么，谁是

孔融？孔融是孔子的第二十世孙，他是泰山都尉孔宙的第二个儿子。

"在孔融7岁的时候，有一天，正好是他祖父的寿辰，来访的客人很多。宾客来齐后，便开始上菜，这时，端上来一盘酥梨，放在寿台上面，母亲叫孔融把它分了。于是，孔融就开始按照长幼的次序来分，而轮到自己的时候，他给自己挑了一个最小的。父亲很奇怪地问：'为什么你给其他人分的都是大的，却唯独给自己留了个小的？'

"孔融从容答道：'人们都说，树有高低，人有老小。我们晚辈，自然要尊敬长辈，这是做人的道理。'父亲听到这一番话很欣慰。

"有一次，父亲的朋友来看望父亲，顺道带了一盒梨，便叫孔融跟兄弟们分了吃。孔融又挑了个最小的梨，其余按照长幼顺序分给兄弟。父亲问，这又是为什么呢？

"孔融说：'我年纪小，应该吃小的梨，大梨该给哥哥们。'父亲听后十分惊喜，又说：'那弟弟也比你小啊。'孔融说：'因为弟弟比我小，所以我也应该让着他。'"

听完爸爸的故事，儿子小小羞愧地说："爸爸，我错了，我不该和妹妹抢玩具，我以后也会和孔融一样懂事的。"

这则故事中，很明显，林先生对儿子的教育起作用了。这里，他运用的就是讲故事的方法，让儿子明白了做人应该礼让的道理。

事实上，自古以来，那些颇具智慧的大臣在向君王进谏的时候，都会采用这样的表达方式。比如，在《邹忌讽齐王纳谏》中，邹忌并没有直接说出自己的建议，而是通过举例子来表达自己的想法："臣诚知不如徐公美。臣之妻私臣，臣之妾畏臣，臣之客欲有求于臣，皆以美于徐公。今齐地方千里，百二十城，宫妇左右莫不私王，朝廷之臣莫不畏王，四境之内莫不有求于王，由此观之，王之蔽甚矣。"

同样，领导者在与人沟通和讲话中，若是遇到不好说的话或者不好表达的意见，也可以巧妙地通过讲故事、举例子来向对方传达，让他明白自己的用意。

当然，运用这一方法，还需注意的是：

1.选择有代表性的故事或例子

在谈话中讲故事或者举例子，都可以起到使谈话内容具体、增强说服力的作用。但是，领导者在选择故事或例子的时候，需要注意其代表性。如果你讲了一个很长的故事，却因为不具备代表性而使对方不知所云，这样就无法达到沟通的效果。

2.注意故事或例子量的适当性

领导者在讲故事或举例子的时候，还需要注意其量的适当性，不能老是在谈话中讲故事、举例子。偶尔在谈话中穿插一个故事或例子，这样让人很新鲜，但经常使用也会使人心生厌烦。

3.注意表达的隐晦性

领导者在选择讲故事或者举例子的时候，肯定是想避免直接表达带来的弊端。因此，即便是在讲故事，或者举例子，我们也要适当注意表达的隐晦性，不能直白地在故事中阐明自己的想法。我们所需要表达的想法和意见，完全可以借助于故事或例子去作婉转表达，这样才能更好地影响对方的心理。

当然，领导者所选择的故事和例子必须来源于生活，是客观存在、具有普遍意义的，我们对故事的准确性也要有把握，不能用模糊的词语，让人不敢确定。这就要求我们所叙述的事实和故事必须建立在广泛的调查研究上，建立在平时丰富的积累上。听得多了，看得多了，想问题、讲话就容易贴近生活、贴近实际，讲话的时候才能信手拈来，才不至于有"书到用时方恨少"的感慨。

参考文献

[1] 高琳，林宏博. 故事力[M]. 北京：中信出版社，2020.

[2] 塔斯加尔. 故事力思维[M]. 杨超颖，译. 北京：中国友谊出版公司，2019.

[3] 张宏裕. 故事力：90秒说服对方[M]. 北京：北京理工大学出版社，2020.

[4] 文成蹊. 听心理学家讲故事：为心灵打开尘封的锁[M]. 北京：中国纺织出版社，2008.